學生②

溫暖的手勢

林明進

目次

推薦序／

給大地一條江

——林明進《學生②溫暖的手勢》

向陽

明進兄是我的舊識，我與他見面在暖暖，詩人蕭蕭家中。當時蕭蕭是我的詩壇兄長，又是「隔壁厝邊」，介紹明進兄與我認識，第一印象極佳（當然也延續至今），他話不多，但出口即見智慧；三言兩語，每多金言玉句——但當時他並未像蕭蕭與我一樣「寫作」，如今我已知他的文筆不在口才之下，他的散文集《學生》去年元月出，當月就已連十三刷，媒體（報紙、電視、廣播與臉書）回響如潮，足可印證他的文筆、話鋒與智慧「不是蓋的」，是一棵老成之樹，從盤根錯節於土地之下而枝繁葉茂於天際線。

《學生》如此，這本《學生②溫暖的手勢》亦復如是（但這樣說也不夠精確）。延續前書，這本書仍有著一如蕭蕭所說的「活出自己的精彩」、「隨處看到希望」、

「樂趣橫生」的氣概和逸趣，筆端流露而出的，是自然蘊蔚的生機。以開篇〈我的志願〉為例，這是多麼陳腐的題目啊，啟筆一句「『我的志願』，對我來說是一把匕首」又是何等凌厲動人，瞬即翻轉出新意，而能勾引讀者往下閱讀的興味；接著他寫扛著鋤頭的爸爸教他寫作文的那一段，更是「異趣」橫生，情節多折，爸爸的志願「當三星鄉鄉長」接枝到他的作文之中的結果，是因為「志願太小了。原來志願有分大小，爸爸沒弄清楚」。這導致老師給了「乙」，讓他在作文路上挨了第一刀，「代父流血，隱隱作痛」。

猶不止於此，此文接著敘述他不斷「奮鬥」，終於拿到「甲上」之後，「老爸走出絲瓜棚，站在田埂邊，鋤頭上肩」，說「作文好了，每一科都會好」，那神情「活脫像個絲瓜棚下的哲學家」，更是詼諧生動、笑中帶淚。從敘事的角度看，林明進寫活了的，不只是一個鄉村孩童的「作文」故事，也寫活了這個作文故事中的農夫爸爸。難怪本文一出，即獲清華大學全世界中文寫作典藏。

這本《學生②溫暖的手勢》也有勝於前書《學生》之處者。在我來看，那是生命經驗的蓄積和人生智慧的闡發，本書多篇都相當深刻、動人。他寫〈元學第一村——跟毓老師說說話〉、寫〈給阿嬤的五封信〉都觸及生命的價值與意義的課題，其中滿溢的不僅是師生之間的至情與至性，更多人生智慧的啟示。他以「一朵花的事業」寫恩師毓老的教誨，讓我們通透自我實現的智慧（做花的總要清楚，最少要美給自己看，感動得了自己）；他以罹患白血病的優秀學生耀宗在病床上寫給阿嬤的信，寫出生命的價值與美麗（不怕磨難，接受淬鍊，贏得自己）。類似這樣的篇章，全書甚多。他不說教條，只說故事；道理都在故事中，既感人、動人，又讓人在淚水迷濛中見到光亮。

我無法一一說本書諸篇的好，我也無法忘掉本書隨處可見的義理，部分來自經典與殿堂，多數來自生活與閭巷。其中印象最深的是〈總是按呢〉，林明進在這篇散文中寫他的「阿祖」（曾祖父），「老菸槍，右手食指和中指間是菸記，褐褐黃黃了七、八十年」，一個田間老農，問他話，只有「總是按呢，總是按呢」兩句，孫子問他事，如此；有一回闖蕩大江南北、出入大清宮禁、壯遊名山大川的毓老師來到鄉下，問他話，亦復如此。「總是按呢阿祖」卻因為這樣一問三不知，成了毓老師口中的哲學家。但阿祖何嘗不知，他懂農事、懂天地、懂自然運行的律則，他的「總是按呢」終於在文末揭曉：

> 該你自己學的你要自己體會，人生的學問不是只有問來的，人生總是按呢。做田有天理，天給咱多少，咱就多少；做人有義理，天給我們多少，良心就

有多少。大自然就是咱的先生，山啦、水啦、雲啦、日頭啦、雨啦、雀鳥啦、稻子啦、泥鰍啦、蚯蚓啦……攏是咱的先生，睜足看，你就看有了！人生都是自然如此，總是按呢啦。

這篇散文，明寫阿祖這個老農的拙於論喻，暗用毓老師這位大儒的教誨，點出人生實難的言說，復又理出順天應理的哲理。《學生》前後兩書的旨意，彰然揭焉。珠璣在日用，義理在生活，隨處可得，隨時可見，「山啦、水啦、雲啦、日頭啦、雨啦、雀鳥啦、稻子啦、泥鰍啦、蚯蚓啦……攏是咱的先生」，就看我們睜眼還是閉眼了。

學生，要學的是「生」的智慧，一如明進兄自序所說「上天賜給我們一滴水，我們要還給大地一條江」一樣，本書二十四篇散文，就像二十四條江水，來自日用的涓滴，照見生活的洶湧。題材雖以校園與教學經驗為主，寓意則通透人生經驗與生命哲理之中。這是一本好讀之書、易讀之書，也是一本可讀之書、必讀之書。給大地一條江，從一滴水開始；給自己一個不後悔的人生，從看見自己的有限、領悟自然的無限開始！

向陽（詩人・國立臺北教育大學臺文所教授）

自序／一滴水可以流成一條江

如果生命是水，那就讓一滴水流成一條江吧！

去年元月第一本《學生》問世，一個月十三刷，報紙、電視、廣播一起來，引起那麼大的回響，有點不可思議。最近「素人概念」十分流行，素人政治人物、素人歌手、素人畫家……，我勉強算是個素人作家，沾了點邊，熱鬧一陣。然而對我而言，最大的收穫，是不斷有老學生跟我連繫，一群又一群如過江之鯽，原來這老傢伙還在，還在建中，還在人間。

離開人間容易，應該不應該的，總是有很多種走法，無奈的人，感慨。活在人間艱難，合理不合理的，究竟只有一種活法，有心的人，強大。

活著，就要面對各種劫難，苦海無邊一切是真，學好「生」，活得有價值。
活著，就要迎接各種挑戰，迍邅不斷絲毫不假，學對「生」，活得有尊嚴。

看一株草冒土而出，它來到自然界，就毅然決然尋活的養分。
聽一個娃哇哇落地，他來到人世間，就自然而然求生的本能。

日居月諸，葉子綠了又黃，黃了又綠，何以長大後我們的困惑愈纏愈緊，我們的失落愈結愈深。美麗人間那種簡單、快樂、幸福、滿足的【生】【活】，怎麼漸漸成了難題？

■

中華民族的真精神，就是講學「生」的文化。
易經的真學問，即傳承「生生不息」的智慧。

學「生生不息」，聽起來有點沉重，好像是哲學家或者是聖人的事。學「生」，究竟是每一個人的功課，人生下來不就是學著怎麼活，活得有滋味、有情味、有興味。父母生我育我，天天耳提面命，反覆叮嚀，無非是教我們怎麼「生」、怎麼「活」；老師教我們長知識，立人格，教我們學「生」做成一個人，做成一個頂天立地的人。學「生」，是父母給的始業，是老師給的作業，也應該是自己給自己的志業。「學生」「學生」，一言以蔽之，就是學【生】的智慧。

繼天奉元，大而化之是聖人的事，他們一肩挑起文化精神的【生生】使命。明月清風，香火永續是庶民的事，我們繼述祖澤流芳的遺脈，要學【生】。

■

《學生②溫暖的手勢》，共二十四篇，仍以校園小品為主軸，我的學生以及我當學生的生活故事。她是我半生教學生涯的片段，老教書匠真實的滄桑，也是美麗人生的回顧。【手勢】，當它是溫暖時，什麼樣的手勢都漂亮。臺灣俗話中說人【手勢好】，是很大的讚美，有「手藝精巧或靈巧」之意。本書中有不少篇是記錄我的恩師、校長、老師、教官的文章，其中一篇是〈溫暖的手勢〉，一個教育工作者「手勢」好，就是教育領域的傑出領航者；再往上說，〈元學第一村——跟毓老師說說話〉中的毓老師，就是最好的典範。所以本書特別以【溫暖的手勢】為副標。

■

本書的取材多元——

第一篇〈我的志願〉，記述我寫作文的蛻變過程，其實也是所有莘莘學子共同有過的夢魘，慘痛的作文人生，讓每個小朋友最天真的一片葉子，鏗鏘一聲落了。看得到的諧趣有說不完的辛酸，這是華人世界最一致的童蒙作文題目。這篇文章榮獲【國立清華大學全世界中文寫作典藏】，因為題目之故，列為首篇，想當然耳！

最後一篇以〈元學第一村——跟毓老師說說話〉壓軸，恭寫親炙我三十餘年華夏經典的毓老師，鐸聲依稀，杏香盈心。多少學長和我一樣，從懵懂青春聽到鬢髮斑斑的中老年，從天德黌舍到奉元書院，有幸一直都是老師的學生，幸福地聆聽毓老師的霑化。這篇文章發表於【奉元書院《毓老百日紀念文集》〈元學第一村——跟毓老師說說話〉20110703】

〈C〉、〈共產黨來了〉、〈週記春秋〉、〈老大辦案〉、〈一個建中的夜晚〉、〈報告師長〉等等，在知識學習的追求中，我們看得到學生生涯的苦悶，有學習上的喜怒哀樂，有學子慘烈的學習人生。寫建中學生的生活點滴，不同面向，五花八門，呈現青春的狂野，有悲有喜，有汗水有淚水。

〈芭樂仔〉和〈給阿嬤的五封信〉等，在人生列車中，不是每個強韌的人都是幸運的。這兩篇是紀念兩個學生，一位是猝然從人間消失的意外，一位是急性白血病最後不敵病魔的堅毅形象，他們都有著教人難忘的短暫人生。在求生求活的涵養中，有難以道盡的的堅忍，有祖母強韌的偉影，是曲折的生離死別，更是堅持完全燃燒的生命鬥士。

〈老師，那件事是我幹的〉、〈捉鬼運動〉等，在生存的智慧養成中，有學生成長歲月的叛逆，也有虎尾春冰的險境，有教學歲月的痛定思痛，更有將心比心的反芻。

〈牽手〉、〈回家〉、〈空心菜的滋味〉、〈總是按呢〉等等，是我個人的生活天空，有「執子之手，與子偕老」的天作之合、有落葉歸根的依戀、有先父的溫煦慈暉、有先曾祖父的人生哲理，這些都是人生淬鍊中難忘的情味。

〈學生〉、〈晚歸〉等，寫兩個女人一生的苦悶，一位人前風光亮眼，一位人後始終淒苦，她們都在婚姻中吃盡苦頭。但是，分別都展現了為母則強的偉大。

〈步步輕嗆步步輕嗆〉一文，寫懷春年華純純的情愫，是青春的印記，是沒來由的邂逅。緩慢的輕嗆節奏，苦悶的進京趕考，像極了徐志摩的〈偶然〉，「你記得也好，最好你忘掉」。這是輕狂的發酵，是火焰青春的共通經驗。

〈溫暖的手勢〉、〈賀校長的門禁〉、〈教官的身影〉、〈師友斜影〉等等，在教育這一把火的傳承中，教育工作者有不為人知的熱情、誠懇、包容、真率，也有禮賢下士、卑以自牧的領袖魅力，更有誨光不絕的完全奉獻。教育事業這理所當然的天職，只有默默承載一條路，有了肩膀、有了負荷，也映照了尊貴的長影。〈捉鬼運動〉中校長的智慧，同樣也是領袖人格的風範。

〈再見阿郎〉，本書最後完成的一篇文章，是在很痛苦也很崇敬下寫成的故事。睽違二十幾年，在師生一場夜宴暢談之後，徵得他的同意，我決定勇敢的寫出。在現實人生一個看似不能翻身，不可能變好的搶劫犯，王慰平【再見】了【阿郎】，完全做到了洗心革面。在福州街那一夜驚悚的奪包事件，我以淡筆勾勒，三言兩語收束。一來情節就是那麼簡單，沒什麼好渲染；再者，王慰平的公益回饋與真心反悔，讓我十分感動。我覺得我們看他新的旭日東升會更美，特別利用這個機會給他拍拍手。

本書所收錄的文章，除了〈我的志願〉、〈元學第一村——跟毓老師說說話〉二文分別於二、三年前先後發表外，其餘如：〈芭樂仔〉、〈給阿嬤的五封信〉兩篇，二〇一五年元月、二月分別發表於聯合報副刊；〈一個建中的夜晚〉、〈週記春秋〉、〈老大辦案〉先後發表於《幼獅文藝》專欄「青春點名簿」七三三期、七三四期、七三五期，也即二〇一五年元、二、三月號。

本書特別敦請蕭敏畫家精繪六幅水彩畫，以增華生輝。向陽大兄熱情沸騰，於公私兩忙之際，慨允賜序，大力提攜之情，永誌我心。

■

每個人都是一座錦鏞的大山，只要有樹只要有草，遲早都會開花。日日春天天天開，玫瑰、薔薇春天開，竹子呢？一百年後才會盛開。花一旦開了，只能美麗一次，然後枯萎凋零，花開花謝，這是世俗的花。

如果你是一座文化的山、有品的山；無論是花團錦簇或者是孤芳一枝，她的花開得有風骨、有尊嚴、有價值，她開得真善美。美麗之後，不但留香，還能不朽，餘韻長流。她底蘊深厚，含弘光大，這是聖潔的花。

只要是優質的山，都要雄偉傲岸，直上青天。有的山人品崇高，堅持要頂天立地。有的山學養淵深，始終富厚如海、精彩如潮。有的山韜光養晦，一直潛藏卑微之地。山不在高聳，自然有靈不羨仙；人不在高位，富貴在己不在人。

「學生」，非自覺而已，大而化之，足以覺人。一朵花成就不了繽紛的花園，一棵樹成就不了美妙的春天，一片雲成就不了浩瀚的天空。上天給你一滴水，你要給大地一條江，這是學生的責任。努力的學生，不一定是跑得最快的人；成功的學生，一定是不斷在跑的人。

學生，學生。學「生」，是我們一生為人的學「生」之路。

學「生」，要學「陌生」的知識；學「生」，要學「生存」的能力。

學「生」，要學「生活」的趣味；學「生」，要學「生命」的價值。

學「生」，要學「求生」的力量。學「生」，要學「生生不息」的使命。

那麼老師呢？揮著溫暖的手勢，教到倒下為止。

上天賜給我們一滴水，我們要還給大地一條江。

林明進（建中一叟）　記於大塊齋

二〇一五年二月

學陌生的知識

我的志願

我認了，充其量，我也只能是個拿鋤頭的命，
別再【我的志願】了。

「我的志願」，對我來說是一把匕首。在幼小心靈中，我曾被狠狠地捅了兩刀。

這得從我的父親談起。他只讀了兩年「來不來，去不去」的國語，我的老爸扛著鋤頭教我寫作文。我的父親，沒有像朱自清的父親那麼偉大。偉大的爸爸要很艱難地跨過鐵道，爬上月臺去買朱紅色的橘子，加上蹣跚的步伐，才算擺成一個感人肺腑的「背影」。

記憶的箱子，雖然裝不了太多東西，但是，我的父親，顯然是個好爸爸。這個形象跟我的作文有關，我記得很清楚。照理說，世代務農的人家——只有古樸的曬穀場和幾條老牛，就可以驕其妻小。但他卻望子成龍，我的農夫爸爸對自己牧童兒子的未來有憧憬。

■

出生在太平山的腳下，我的啟蒙學校是宜蘭縣三星國小。

記得小三開學第二週，星期一傍晚時分，餘熱未褪，秋老虎會咬人。我在曬穀場玩著鐵輪子，一邊哼著歌兒，一邊駛著桶圈圓形輪子，自顧自的自得其樂。眼睛的餘光遙望老爸，他一頭扛著鋤頭一頭戴著夕陽，從水田的盡處回家。輕鬆的時間有限，等一下他又要叫我挑糞、澆菜。我更拚命地玩了，斜著身子駛著輪子，加上不自覺而出的自創音效，忽而S形、忽而O字型、忽而8字型，我的身體在跑，我的靈魂在騰飛……

「來來來……」他做出一副很生硬的微笑。農夫基本上是不大會笑的，輪子收了，我心裡已準備好：挑—大—糞。

「明天要寫作文，你知不知道？」奇怪的話題由一肩擔著鋤頭的老爸開頭。

「我知道啊，老師說要帶硯臺、毛筆、作文簿。」

老爸很滿意，放下鋤頭，他竟然說：「我教你寫作文。」

當下我心裡很錯亂：真奇怪，教作文是老師的事。你當你的農夫就好了……我的耳朵、眼睛和大腦都有意見，但我不敢講。那個年代天下的爸爸都很偉大。

寒蟬切切，秋蛩吟吟，他把我拉到絲瓜棚底下，神祕兮兮地端坐了下來。

「題目我知道了……」聲音壓得很低很低，深怕唧唧的秋蟲聽到，洩了底。

烏鶖鳴孤，鷺鷥唱溪、蟋蟀促織，在綠油油的水田胡鬧得很。

「題目是：我的志願」，他眼神充滿自信，我瞪大眼睛，覺得老爸很神。

長大以後才知道，從北到南，每個人的第一篇作文，永遠都寫【我的志願】。

我的作文啟蒙，竟然是我的做田仔老爸，那個每天巡田水的農夫。他口沫橫飛，東拉西扯，搭配手勢，十分忘我，非常偉大。最後，我才聽懂原來他要我寫的志願是——「三星鄉鄉長」。他沒見過縣長，所以鄉長最大。一直到老母喊：「天暗了，吃飯囉。」夜色漸涼，來不及臥看牽牛織女星，才結束了一齣我們父子的趨庭之教。

■

第二天下午連著兩堂國語課。老師匡朗匡朗地走上木板講臺，背對著我們。一筆寫下「我的志願」，天啊！完全命中。想到老爸在絲瓜棚下，煞有介事地娓娓道出「他」的志願。昨夜是個靜謐的秋夜，滿天星斗，蟲鳴啾啾，感覺好極了！新月的餘暉稀稀疏疏地照在父親的臉，樹影婆娑，他滔滔不絕，像棵大樹，也像個巨人。這篇作文，我決定做個孝子，完成父親的志願——「三星鄉鄉長」。那種情境之下，你完全了解繼志述事，是多麼重要的一件差事。

老師說：「好好寫，寫得好的，老師給三個獎。」

第一個獎是健素糖五十顆。一角十顆，五十顆等於是五角，老師實在很大方。

第二個獎送頭戴橡皮擦的利百代鉛筆一支，黃色的筆桿，那是當年最好的鉛筆。

第三個獎是可以在全班面前朗誦自己的作品，哇哇哇！那是光宗耀祖的一刻。

老師轉身就要走。「老師我們不會寫」、「老師要怎麼寫」「怎麼開頭」……哀聲四起。

「就寫我的志願不會喔……你就寫你想幹什麼就好了！」老師說完，轉頭走去辦公室。

我心想，有個好爸爸真好，這三個獎我都很喜歡。別人的爸爸都沒有教，我心裡很驕傲，不是每一個爸爸都能扛著鋤頭教作文，原來陶淵明住三星。

寫起毛筆字，大家都像中風，寫得彎來倒去。我特別數了一下，標點不算，一共四百六十三字。原汁原味，聽爸爸的話——「三星鄉鄉長」。

第三天老爸劈頭就問：「老師改得怎麼樣？作文發了沒？」老爸比我還關心。

「還沒呢。……」

「去問你們老師，作文什麼時候可以發？」

（盤古開天以來，老師最討厭的就是學生問他：作文改完了沒？）

謹遵父命，我請問老師，作文改完了沒？老師和藹可親，帶著微笑對我說：「告訴你爸爸還沒有，再過幾天。」老師還順勢摸摸我的大頭……哇啊！好舒服。

「再過幾天」，按照我國憲法規定就是三天嘛！爸爸又問起。我又去問老師，內容一樣，態度一樣。老師的回答也一樣，但是這一次老師沒笑了，而且還忘了摸摸我的頭。

又過了三天，老爸有點發火，嗓聲帶氣，在八仙桌上嚴肅地宣告：

「你們老師到底什麼時候要把作文發下來啊！再給他問一問……」

父命不能違抗。我來到老師面前，第三次。互視。

「老師，我爸爸說請問你：作文到底什麼時候才會發下來？」爸爸近於惱怒的聲音、表情、動作，我完全移植。

「回去給你老爸講，相緊過一禮拜（最快要一個禮拜）。」

喔！老師講方言呢。如果是我們，他就會打我們屁股。不過是一篇作文嘛，爸爸跟老師都怪怪的，大人好像都嘛是這樣。

老師終於挑出了三篇佳作，竟然沒有我。得佳作的三位同學每人得了一枝利百代鉛筆，和一包五十顆的健素糖，並且公開在課堂上朗誦了【佳作——我的志願】一遍。（也沒有多好啊！我想……）

我的等第是「乙」。竟然連甲下都搆不上。老爸很用心教我，絲瓜棚的父愛，我一定要老師給個交代，牧童我一定要問清楚。

「老師我的作文哪裡寫不好？」當時哪來的膽子不知道。

「人家都要當總統，你只想當個鄉長。」老師當頭棒喝，全班爆笑，我羞愧無地。

原來是志願太小了。原來志願有分大小，爸爸沒弄清楚。老師沒說我寫得好不好，乙應該還可以。這是我作文路上的第一刀，代父流血，隱隱作痛。被爸爸害死了，好好的農夫不務正業，教人家作文。我人生的第一個綽號：「林鄉長」，就是這樣來的。

回家我還是很高興地拿給爸爸看。好大的一個「乙」，爸爸瞄了一眼，我正要描敘這一件糗事。

老爸狠狠一句：「吃飯皇帝大，緊吃緊吃……」從此就沒再教我作文了，好小器，只教一次，就不教了。第二天以後，眉宇深鎖，他更加賣力地當他的農夫了。

■

四年級，仍然是同一個老師教，第一篇作文，仍然是：「我的志願」。

「老師，這去年寫過了。」有人不知死活的舉手。

「老師，我們班也寫過了！」一位轉班的心臟也很強。

……………………………

「那換一個志願不會喔！」說得也是，怎麼可以跟老師頂嘴。

我天真地想，老師好像在給我機會。我鬥志十足，一定要從老師手上拿一枝利百代鉛筆。還有那四十五顆甜蜜蜜的健素糖。（隔了一年，健素糖漲價，一角九顆。四十五顆還是大獎。）

對著窗外發呆。我想——

老師是學科學的，他不是常講政治是條不歸路嗎？當鄉長？我真笨，我怎麼這麼沒神經，寫科學家才對味啊。於是審慎地選擇那時很流行的科學家，四個字的——【愛因斯坦】，夠嗆了吧！一時之間，不免感到沾沾自喜。其實老爸笑起來很慈祥，得個甲上，他一定會笑。萬一被叫起來唸的時候，ㄧ、ㄩ和ㄙ、ㄣ千萬要分清楚，我們是有讀書的人。

我寫到放學，工友手搖下課鈴還在寫，同學都排路隊準備回家了，我加緊趕工。老師走進教室，要來收作文，環顧左右，只剩我一個。我暗自竊喜——老師一定會很喜歡我，聽腳步聲就知道。別人都早早交了，我態度這麼好，還賣命地振筆疾書。（長大了當老師才知道，這種感覺很危險。）

我數了數，六百一十二字。哇，進步神速，才一年呢！就多這麼多字了。

沒爸爸問，我比較輕鬆。我耐心地等待，經常像花蝴蝶似地，故意擠到老師身邊。好幾次，我感覺到：老師好像很真情地對著我「微笑」，這是個好兆頭，我功課不怎麼好，老師對著我善意的微笑，一定是作文寫得好。心裡想如果真的作文寫得好被貼在公布欄上，爸爸一定會很驕傲地告訴左鄰右舍。發作文的前幾天，我興奮得睡不著，忍著沒告訴爸爸我發現老師【關懷的眼神】。可憐的是，對一個四年級的鄉下孩子來說，「微笑」跟「譏笑」，實在不容易分得出來。

今天要寫第二篇作文。我的健素糖、我的利百代，來了。我要分十顆健素糖給最喜歡的女生，想到這裡，我的手心在冒汗。很多人不知道，這叫興奮，文明一點，也可說是等待的滋味。

老師唸了三個同學的大名，還是沒聽到我的名字。翻開作文簿，得了個「乙下」，十分失望。我當下才明白：原來爸爸的作文程度還是比我好。我不敢再問老師了。頭低得很低很低。

老師講評，說著說著，竟然說到我頭上來，老師又海削了我一頓。

老師說：「【林差勁】同學寫得很長，很認真，很努力，可惜他讓蘋果打在愛因斯坦頭殼上。」全班爆笑，教室差點笑歪了。我把牛頓的事蹟寫成愛因斯坦，那顆蘋果害死了我，也可以說牛頓害死了愛因斯坦。我又多了一個【愛因斯坦】的綽號。這是作文路上的第二刀，插得很深，血在我心裡迸射。我這才知道老爸內心深沉的痛，做父親的實在很可憐。

我發誓我這一生一定要最痛恨蘋果。恨死它，才能消我滿腹的恨火，我做到了。從此以後，果然，蘋果成為我最討厭的水果。多營養，對身體多好，我就是不吃，給它恨個不能翻身，我才甘願。那天晚上，我在絲瓜棚下沉思難過，那是個黯淡的月，也沒有星光夜語。幾株敗荷在池邊成風景，是誰說的：「多少綠荷相倚恨，一時回首背西風。」清涼的風一吹，腦子清醒，我認了，充其量，我也只能是個拿鋤頭的命，別再【我的志願】了。

■

歲月如流水，流到什麼階段，照理說就應該有什麼樣的風景。可是，到了五年級，換了老師，又搞了一個飛機。作文又出了一道令人怵目驚心的題目：「我的志願」。老師他們好像都串通好了，就是要讓我們做學生的難過。老爸常說：「人生的路很艱難。」我想也是。「我的志願」，寫了兩次還不夠，這是什麼社會呀！這一回，我帶一點抱怨和幾分感傷，但很真實地把我最想寫的寫出來，完成了沒有什麼新鮮感的作文。要錢沒有，要命一條，老夫是這樣寫的。

我的志願

大家都這麼說：在農忙秋收的時候，農人總是戴著斗笠，抱著稻穗笑呵呵！是嗎？

大家都這麼說：在夕陽滿天的時候，牧童總是騎在牛背上，吹著橫笛向晚霞！是嗎？

我沒有看過農夫抱著稻穗笑呵呵，我這個每天騎在牛背上的牧童，從來不曉得橫笛為何物？……

當春天來臨的時候，大家都這麼說，農村山明水秀，風光明媚。水田清澈見底，農夫一字排開，勤奮地插著秧，白鷺鷥在田邊悠閒地漫步，好美的一幅圖畫……我說你們知不知道插秧腰會痠呢？……

當秧苗漸漸長大，大家都這麼說，每逢星期假日，全家老小出動，蹲在田裡拏草，大家其樂融融，有說有笑，一派家庭和樂的景象……我說你們知不知道，蹲在爛泥土裡是什麼滋味呢？

當稻浪婆娑起舞，稻穗款款搖擺，大家都這麼說，農夫扛著鋤頭的腳步快了，農夫黝黑的臉龐笑了，這將是豐收的一年……我說你們知不知道，農人一甲地能收多少稻穀嗎？

當黃澄澄的稻粒堆滿曬穀場，阿嬤、阿姨、媽媽，頂著大太陽開開心心的不停翻動著，大家都這麼說，這將是最快樂的一個夏天……我說你們知不知道，稻芒會讓人全身發癢呢！

我是個牧童，我看著六條水牛長大，我的未來很明確，長大以後我就是個不折不扣的農夫。

嚴格來說，我是不需要傷這種腦筋的。「我的志願」，這麼美好的想像，我的內心卻很容易把它打破了。牧童長大能不能不是農夫？我不敢抵抗。我沒有反對當個好農夫，可是不是大家都一樣就不苦了，很慘的是，我從來沒看過農夫好好放輕鬆的笑過。

老師經常告訴我們，農夫的生活悠閒自得，與世無爭，是最驕傲的一介平民。我沒出息，我吃苦吃怕了。如果我可以真正有一個說志願的機會，允許我膽怯地說出我的內心話，我尊敬農人，我也愛農家。雖然我骨子裡流的是道道地地農人的血液。如果可以，我真的不想跟老爸一樣，整天唉聲嘆氣的再當個農夫了。

怯生生地，我站在講臺前唸著我的傑作，很有光宗耀祖的感覺。原來，農人的孩子也能寫好作文。（當時很多深奧的文字不曉得哪裡來的？）

老師給我甲上，原來【甲上】長得這麼漂亮。從此我就飛上枝頭變鳳凰，彷彿成為一個小小的文學家了。長大以後，跌跌撞撞，倒成了個不折不扣的教書匠。

不久以後的某一天，老爸走出絲瓜棚，站在田埂邊，鋤頭上肩：他滿足地摸摸我的大頭：「作文好了，每一科都會好。」老爸活脫像個絲瓜棚下的哲學家，他的話到現在聽起來都還很有力。

（本文榮獲國立清華大學【全世界中文寫作典藏】）

✣一叟小語

那個年代都是從「我的志願」開始我們灰頭土臉的作文人生。從此，多數人都視作文為畏途，成就的永遠只有少數幾個人。其實「我的志願」屬於想像型的作文，並不適合作為第一次作文的題目。嚴格來講，文章中這一篇得甲上的【我的志願】，也沒有契合作文題目的要求。

學生作文寫不好，老師作文改不完，為了應付學校抽查。只能在唉聲嘆氣中度過多少夜半孤燈的歲月？甚者，還自嘆命運多舛，一定是上輩子造了什麼孽，這輩子要辛辛苦苦地還這個債。認命地——佝僂著背，讓朱顏改。視也茫茫、髮也蒼蒼、齒牙又動搖。扛著「清高」卻又「坎坷」的道路。一步一步地提著良心的燈。戰戰兢兢地踐履著漫長而無邊的責任。最後，還要一起承擔「作文能力愈來愈低落」幫凶的罪名。

感謝「我的志願」這個作文題，如果不是寫了三遍，我不會有機會發現，原來用最熟悉、最真誠的感受，就能寫出感人的文章。我相信每一位學生，在成長的過程中，都有很多感人肺腑的故事，也都有感染人心、引起共鳴的能力。由於作文命題的技術千篇一律，了無新意，大多沒有從學生的角度出發，所以，學生寫不出來；由於作文教學沒有按部就班、沒有有系統的打底，所以，學生寫不下去。

幾年前，老夫接受《天下雜誌》【教育親子專刊】的專訪中，我劈頭兩句話就是：

「讓學生把最愛寫的寫出來」，就是美麗的開始。

「讓學生把最想寫的寫出來」，就是感動的開始。

作詞作曲家李壽全先生寫過一首紅遍大街小巷的歌——〈我的志願〉。那首歌最後是這麼說的：【慢慢長大以後，認識的人越來越多。慢慢你會知道，每個人都差不多。慢慢你會知道，人生就是這麼過。】贏得很多人的回響，那是一種解放。

一般而言，只要是樹，都是會開花的。只要用對了方法，每個人的作文都可以很燦爛。

芭樂仔

「半夜騎摩托車，有時候是去看他老母。」
是老夫今夜的啤酒話。

建中老學生貼心，選在新生南路我家附近聚會。二〇一二．八一八那一夜，我們在「八仙碳烤」啤酒屋吃消夜。二十幾年前的建中老學生，為同學赴英國修博士餞行。六人聊了一夜。聊到了芭樂仔……

芭樂仔，是我的學生，二十幾年前死於車禍。昨晚他又進入我的夢境，很清晰。情節栩栩如生。

第一個畫面——

他靦腆地告訴我：「老師我週記沒帶！」

「又沒帶啊……芭……樂仔！」

然後他抓抓頭，笑一笑走回座位。

第二個畫面——

暑輔期間，他在三〇四班教室外，這個窗探探那個窗望望，和同學招手。最後，他不會忘了也——跟我揮揮手，我也故作瀟灑，回了一個手勢。

二十幾年了，這兩個鏡頭，經常在我夢裡出現。

那一年，芭樂仔，高二沒升上高三。別人上暑期輔導課，他成天往外跑。

芭樂仔，高一讀了兩次。他來自公務員家庭，父親拘謹木訥，話少得很。湊巧的是，他老哥也是我親炙的建中學長，像極了他爸，我說十句，他回不上一句。父母離異，父子三人各忙各的，高二學校日竟都來了，怎麼看，一家子都是老實認命的人。課業雖然墊底，他卻是讓當老師的渴望拯救的學生。

他不是國四班來的，可是高一第一次段考就悲涼地躺下，怎麼都翻不了身。成績失去舞臺，他選擇做一個蕩蕩遊魂，渾渾噩噩是失意駝客共同的節奏。跟留級生混在一起，還算能相濡以沫，作細漢（小跟班）的，他也甘之如飴。這樣的邊緣人屈指可數，他卻有莫名的快活。

被另一幫留級的學長盯上，是他人生悲哀旅程的開始。

「芭樂仔，搞點錢花花？」他沒錢。

「芭樂仔，那個么么捌的歹看面仔（那個一一八班臉很臭的），給他教訓一下。」他沒勇氣。

「你是豎仔（孬三）喔……」不吭聲，憋了一年。

第一次留級，編在么么九班，很快闖出了名號，多了一個「玩具槍」的黑號，這是恫嚇人的象徵，這個綽號他很滿意。「馬路游」家境闊綽，常是他借錢的對象，三十、五十借了就沒還。沉寂一年，他膽兒大了，耍流氓、抽菸、找不爽的人教訓，有衝突他出面叫人「擺菸」（送一條菸道歉）。當年日補校共用教室，兩造雙方齟齬日深、宿怨難解，不願意鬧到教官室的，還有好欺負的、太臭屁的，「玩具槍」就叫他們「擺桌」（請一桌菜道歉）。

「不擺菸或者不擺桌，最好別來上課……」他儼然是個留級大哥。

■

「八仙碳烤啤酒屋」愈夜愈鬧熱。生啤酒一杯接一杯，「實驗室」喝得漲紅，酒後全說了，「阿狗仔」、「壞人」則隨時補充。「實驗室」說他看不慣芭樂仔霸凌身邊的同學，找芭樂仔「聊天」，竟然發現他只是披著狼皮的羊，也就不方便對他伸張正義。後來熟了，同是廁所的菸客，他倆意外成了哥兒們。

好不容易「一補」、「二補」，才補考過關，上了高二。我是芭樂仔高二導師，他的點點滴滴，輔導教官特別提醒，老夫已經有底。

高二初見面，他語氣謙卑，又很有俠客的味道，留級生，必須先問一問。第一次段考，成績仍然在老位置，穩如泰山。拿著成績單，我拉他到椰子樹下花圃旁，我嚴峻地告誡他——

建中沒什麼好混，也混不出什麼名堂，一群絕頂聰明又會讀書的才子，欺負他們沒意思。在這裡耍流氓，人家是瞧不起你不是怕你，我不准你亂來。需要我幫忙，你儘管說。不可霸凌，你幹過的、想幹的、還沒幹的，老夫都幹過了。聽清楚，我只講一遍，有任何事都可以找我，我會幫你。要是亂搞，我一定嚴懲。我會每天問你老爸，看你回家都在幹什麼……

芭樂仔隔週週記只寫了三行，其中一行：「老師，我會做好子（正當做人）。」

■

有一天父親來校，喜孜孜說是來拜訪我。

「孩子變了一個人，天天放學就回家。謝謝老師。」

表現良好，後來他父親答應讓他以自己零用錢買二手機車。條件是高二不可以再留級，別像哥哥將建中當五專來讀。

當年第一類組學生成績懸殊，好壞兩極端，感情卻在一條線上，十分融洽。有一部違規偷騎的摩托車後，他成了班上的車夫，也是好說話的兄弟。外出採買外食、漫畫書，他跑第一，只收油錢。沒人歧視他的功課，大哥變小弟，他不以為忤。跑腿這種麻煩事，只有他有辦法。

他生活拮据，常跟同學調錢，三十、五十周轉沒完，午休沒便當吃，這邊一口那邊一口，湊合就是一頓。後來靠撞球營生，放學後的「快樂營」撞球場，是他最亮的舞臺，高二下進入球技高峰期，外號「中袋王子」，每賭多贏。小贏個五十、一百，就買滷味，以饗觀戰加油的同窗。撞贏了，就說「對方是高手」；撞輸了，就說「對方是肉腳」。芭樂仔式的阿Q哲學，是他留給大家的名言。

■

成績是他的罩門，他怎麼考怎麼悽慘。但是堅持不作弊，別人要「落答案」給他看，他也不要。

「偷看也是小偷，那是垃圾。我清清白白的擺尾（墊底），還是一個查甫子，不然怎麼跟人家『站起』！」

當年第一類組，「英雄」、「俠客」也有一席之地，有一次他騎著他的大路易九十出去買冰，被教官發現，以為教官會來追殺，猛加油門，摔了個跟斗，左半身皮開肉綻，災情慘重，冰沒買成還跟同學道歉。這是他的俠義、他的英雄氣概。

機車摔傷，卻讓我見到他的母親。

杯盤狼藉，大家已有七分酒意，芭樂仔他媽，沒人見過。我這麼一提，大家眼睛全亮了。大家七嘴八舌地：「老師說……老師快說……」

「老闆娘，生啤酒擱再來……一人一杯……」

我有陳年痛風痼疾，痛風最忌啤酒，但是，這時候需要啤酒。

■

芭樂仔摔傷的第三天，他媽來找我。他哥哥阿洲在建中雖然功課也不順遂，但沒惹事也沒出事，靜靜地紅樓夢醒，吃了五年的建中牛肉湯麵，靜靜地離開建中大門，那兩年，我沒見過芭樂他媽。

■

芭樂仔媽媽，書讀不多，夫妻離婚後，像結了很深的冤仇一樣，兩人從此不相往來。他媽媽離婚後在樹林一家工廠當女工，收入有限，又租賃在外，芭樂高一重讀那一年，他老母就得了罕見疾病，一直查不出病因，生活出了問題。芭樂仔跟他哥哥阿洲瞞著父親，兩人偷偷把每月父親給的三餐和零用錢四千元，全給了媽媽。

所以芭樂仔雖然騎摩托車，他身上沒錢，車其實也是代步，方便看母親，你們有看過他帶便當、買便當嗎？他跟所有認識的人都借過錢，就是不願意接受學校的急難救助，芭樂說不能讓爸爸知道。偶爾他會去打工，就是這樣。

我借過他三次錢，都是兩千。這都是機車摔傷以後的事，所以那一次不假外出，我沒同意記他過。他媽媽說：「我阿彊真有孝（孝順），找沒這款囝仔，一個禮拜來看我一兩次，驚他老爸知道，都是半夜騎車來看我的……」

第三次借錢那一次，芭樂仔噙著淚水說：「對不起老師，我媽很可憐……」

■

有酒意，有震驚，大家目眶都紅了。

「那耶按呢？他都沒講過……」阿德眼睛張得很大。

「老師，真的嗎？」

「哇！芭樂仔有夠硬氣。」晚到的小周說。

「這尾小羅鰻（小流氓），我的天啊……」

夜色已深，臺北的夜晚依然炙熱溼悶，啤酒氣從身上沁了出來。

「英國仔，老學生好好讀書喔……」

大家帶著芭樂仔的故事回家，好重，好沉。

■

「整天無所事事，經常半夜他還在外遊蕩。」是他老爸告訴我的。

「騎著破摩托車，跟其他沒升上來的瞎混。」是我學生告訴我的。

「半夜騎摩托車，有時候是去看他老母。」是老夫今夜的啤酒話。

一九九一年的夏天，他高二留級，第二次重讀。農曆七月七日，為慶祝他高一的同學考完大學，七夕情人節，同樣沒馬子。兩人夜遊，他依然騎著他的大路易九十CC機車，載著同學，在馳往「八仙樂園」的途中，摔到橋下，出了意外，芭樂仔就這樣走了。第二天暑輔，全班錯愕，芭樂仔回不來了。

「實驗室」爆料：全班都有借過錢給芭樂仔，只有英國仔向他借過錢，而且沒還。出殯當天，英國仔買了很多紙錢，該還的錢，連本帶利，全燒給他。

頭幾回同學會都選定芭樂仔的忌日，然後到新莊【地藏庵】膜拜，祈求幽冥教主地藏王菩薩救度芭樂仔。「壞人」還經常打電話到電臺，點歌給芭樂仔聽，播他最愛聽的那一首——〈我是男子漢〉。

每次回內人娘家樹林，偶爾會經過板橋宏法禪寺，不經意地瞄他一眼，「嗯，芭樂仔在塔裡面修行。」往樹林有很多條路，他經常半夜騎大路易機車看他老母，不曉得走哪一條？

（本文發表於《聯合報》副刊·二〇一五年元月廿一日）

✣一叟小語

「芭樂仔」瘦瘦地，雖然長得很排長，也是狠角色，校外硬碰硬，「誰怕誰」，談起芭樂仔，他自有他江湖的一面。校內吃軟不吃硬，老師面前溫良恭儉讓，他一個德行也沒少。不是樂天派，卻很少看他臭著臉，來得太早的滄桑，少得太多的天倫，苦得太深的青春，有芭樂仔短短人生的應世哲學。

在板橋長江路的殯儀館，我一直懊惱地想。對著他也是我學生的大哥說：「都是我的錯，我應該狠狠罵他！」我做得到的。「或者給他一巴掌！」我出得了手。

爸爸是個好公務員，兩個性情溫和的建中兄弟，媽媽多年沒陪他們長大，我打不下去，我罵不出口。芭樂仔！我真狠狠罵了，你會不半夜出去溜達溜達嗎？二十幾年了，我心裡還痛！我動作不夠大，你會聽話的。芭樂仔！唯一能告慰你的是──你的忌日就是三〇四的同學會。

「八仙樂園」，那一條窄橋，當天，你怎麼摔下去的？老夫不知情。

「八仙碳烤」，這一條暗巷，那晚，我怎麼走回來的？老夫不知道。

打了，如果真的能讓你不出亂子。芭樂仔，我真的很想給你幾巴掌。太多科紅字，真的救不了你。學生都救不回來，說什麼呢？芭樂仔，老夫真的對不起你！高三你升上來就沒事了……

步步輕嗆步步輕嗆

轉身買便當，乍見左斜方45度角，
一頭齊齊整整又黑溜溜的青絲……

慢慢的雲，慢慢的雨，慢慢的人，慢慢的車，慢慢的情。從苗栗踏上區間車往新竹，行旅形容緩緩，車內空空蕩蕩，一路慢慢悠悠，不像個熱鬧的假日。老人多，話語簡單，聲音遲遲，慢慢吞吞兒。隨便尋個位置坐下，心裡的節奏整個慢了下來。

小時候搭小火車往太平山牛鬥的回憶，一幕一幕貼出，隨著老父、老祖父、老曾祖父往更深的山裡頭走。印象中，手上總是提著一桶三公升摻有鹽巴的水，我還負責揹幾個菜脯蛋便當，出門就是上山工作，應該美麗的風景並沒有特別搶眼地記下。

「騰雲號」是城市裡的火車，車頭漂亮搶眼，像京劇中的臉譜，不走牛鬥線。我們鄉下的小火車，就是一身黑，速度奇慢，從三星要坐很久才到得了牛鬥。兩塊錢，不貴，都是去牛鬥濫墾種蕃薯的，卻有很多人跑票。只管兩三節車箱的列車長，不太查票驗票，大家熟。願意買就買，火車有人搭就行。

■

第一次搭大火車——普通車遠行，往村外走，是四十年前高中畢業到臺北參加大學聯考，這種慢條斯理的普通車，庄腳人管它叫慢車。每一站都慢慢地停，再慢慢地開，蜿蜒的黑身往前「步步輕嗆……步步輕嗆……」，噴著棉花球般的白煙沿路騰聲，像慢跑選手有節奏地吐著氣兒。「……步步輕嗆……步步輕嗆……」。

那一次新鮮的經驗，是我愛上慢車的緣由。每一站都有穿戴突出，動作快速，呼聲高亢，邊跑邊尋，呼吶著「便當……便當……」的叫賣聲。三個半小時的慢郎中，從羅東「步步輕嗆步步輕嗆……」，像一條土龍慢慢扭腰、擺臀，一下子就來了一個山洞，洞前洞後，忽黑忽亮。一個山洞，一串丟丟銅，幾十個丟丟銅數完，慢車就鑽向臺北了。丟丟銅是慢車發明的，慢車沒有丟丟銅走不出它古樸的節奏。

火車行到伊都，阿妹伊都丟，唉唷磅空內。磅空的水伊都，丟丟銅仔伊都，阿妹伊都，丟仔伊都滴落來。

沿途都是綠油油的稻田，天青青，海也藍藍，雲白白，浪也滔滔，雖然是教文人入詩、畫家入畫的好景緻。慣看籬落炊煙，眼前滿目海天一色，清鮮靈動不是我要急著記得的畫布。成為懷人騷情是以後的事，但是可以坐很久的慢車，成為我返鄉的最愛。

■

那一次進京趕考，坐一趟慢車，到了福隆，海連著天，天連著海，我有充分的理由看她和遠天的海色。福隆便當有名，轉身買便當，乍見左斜方45度角，一頭齊齊整整又黑溜溜的青絲，穿著蘭陽女中校服，手裡捧著地理課本的女生，小嘴唸唸有辭，顯然也是進京趕考，車廂裡裝很多這樣的人。她是【車頂水姑娘】（車上的美麗姑娘），一條歌從我心裡響起。

坐火車過磅空／心情真輕鬆／車頂一位水姑娘／目睭真活動
嘴巴胭脂抹紅紅／長長黑頭鬃／看人著用目尾送／害我心內跳恰恰
要問你一句話／不知通不通

她身旁一路很聒噪的同學，靜了下來。敢情她合是崔鶯鶯，張生也在，紅娘不難找，再借個「普救寺」，元稹的《會真記》就成形了。「……步步輕嗆……步步輕嗆……」火車向前行，福隆起步走，特別有精神。王實甫的《崔鶯鶯待月西廂記》，有不少令人臉紅的句子，一路「步步輕嗆……步步輕嗆……」進來了。

（步步輕嗆……步步輕嗆……）

『繡鞋兒剛半折，柳腰兒夠一搦，羞答答不肯把頭抬，只將鴛枕捱。雲鬟彷彿墜金釵，偏宜髻兒歪。』

（步步輕嗆……步步輕嗆……）

（步步輕嗆……步步輕嗆……）

『我將這鈕釦兒鬆，把縷帶兒解；蘭麝散幽齋。不良會把人禁害，怎不肯回過臉兒來？』

（步步輕嗆……步步輕嗆……）

（步步輕嗆……步步輕嗆……）

『我這裡軟玉溫香抱滿懷。呀，阮肇到天臺，春至人間花弄色。將柳腰款擺，花心輕拆……。』

（步步輕嗆……步步輕嗆……）

■

那位聒噪而機靈的女生，發現了我的注目，碰了一下崔鶯鶯的身體，耳語半天。時而笑，時而望，我一時手足失措，眼珠子無處擺。她斜眄一眼，張生我心裡步步輕嗆步步輕嗆了起來。大家都望向窗外，一片綠在奔跑。「眄睞以適意，引領遙相晞」，古詩十九首的，對。她是這樣嗎？她是這樣嗎？

「步步輕嗆步步輕嗆……」速度加快，輕嗆輕嗆很野很野，火車雄性了起來。

坐火車到嘉義／心情真趣味／車頂彼兮美姑娘／對阮笑微微
給我加添著勇氣／緊緊行偎去／剛好開嘴要問你／忽然聽著嗶嗶嗶
想問的一句話／擱再吞落去

收回窗外海藍藍的視線，座位上不見人，空著兩個位置。那耶按呢？那耶按呢？那耶按呢？……走到別的車廂了嗎？換位置了嗎？我眼睛太那個嗎？

坐火車過鐵橋／身軀對伊搖／耳孔邊塊玲瓏叫／心肝像火燒
請問小姐要叨去／敢會感稀微／那未感覺有趣味／咱來做著好友誼
怎樣你無誠意／越頭做你去

心裡的歌唱完，車頂水姑娘沒再出現，打開國文課本，過了八堵，該讀一點書了。

「步步輕嗆步步輕嗆……」火車聲似乎又緩了下來。

■

新竹到了，問清路線，再搭「六家線」轉往高鐵新竹站的接駁車。往高鐵的旅客，神色緊張了起來，腳步悄悄加快。我依然在十八歲的慢車上，步步輕嗆步步輕嗆……

新竹／北新竹

張君瑞委託紅娘遞紙條，崔鶯鶯回覆說：「待月西廂下，近風戶半開。拂牆花影動，疑是玉人來。」好戲上場，好戲即將上場。

（步步輕嗆……步步輕嗆……）

北新竹／千甲

曾經滄海難為水，除卻巫山不是雲。
取次花叢懶回顧，半緣修道半緣君。

（步步輕嗆……步步輕嗆……）

千甲／新莊

元稹的〈離思〉背完，步步輕嗆步步輕嗆，速度急了。

新莊／竹中

我倏然起身，站了起來，大家朝我看了一眼，也騷動起來。

「步步輕嗆步步輕嗆」聽不到了……

慢車是慢，四十年前，機會不來，我不是張生。六家到了。

新竹／北新竹／千甲／新莊／竹中／六家（步步——輕！嗆！）

我補了車票，跟著接駁客往高鐵旋轉橋走去。颱風天雨驟風狂，心急了。

（步步輕嗆……步步輕嗆……步步輕嗆……步步輕嗆……）

四十年過去了，我是個忠誠的旅人，該我懷念家鄉的離愁我沒忘記。四十年前火車窗外蘭陽的「緣」，龜山島外的夕陽，婆娑起舞的海洋，彷彿也步步輕嗆步步輕嗆了回來。

那位坐在第八節車箱左邊數來第三個，我左斜方45度角，看得清清楚楚的清純，留著規規矩矩的女生頭，穿著蘭陽女中校服，手掌心捧著地理課本的女生，跟「步步輕嗆步步輕嗆」一樣走遠了。

新竹／六家，票價十六元的票根沒人收，我帶了出來。「步步輕嗆步步輕嗆」的邂逅，卻遺失在十八歲進京趕考的慢車上。

（步步輕嗆……步步輕嗆……步步輕嗆……步步輕嗆……）

✤一隻小語

臺灣只剩下阿里山森林鐵道、集集觀光車站，以及在溪湖、蒜頭、新營的臺糖小火車等觀光鐵道，才見得到五分車或七分車的小火車了。觀光與懷舊，是小火車「步步輕嗆……步步輕嗆……」最後的一口氣。

想到小時候，老爸算是規矩的乘客，他總會經過驗票口進站，到牛鬥站的火車車資大人二元，一一〇公分以上的孩童一元。爸爸的理由是買票就不用跳車，也不怕人家驗票。挑著擔子出門，回來就是滿滿的白肉蕃薯，牛鬥種的這種蕃薯特別清甜，家裡田溝邊種的都是給豬吃的，容易種、長得多，但口感不佳。

從三星到以卜肉聞名的天送埤，再到有地熱發電的清水湖，最後到達牛鬥，當中還有很多小站。速度是由司機員控制的，快慢由他，鄉下人也沒人在乎要花多少時間。有時候火車會停下來，大部分是碰上崩山或枕木鬆了，臨停維修。有時候司機員半路上需要跟人講話或受託送物，小火車也會停下片刻，沒人會哭爸罵人，那是一個人們懂得諒解別人的年代，情總是擺在第一位，也沒什麼人違法，生活都是這樣悠悠地過。

火車每一站都停，跟馱負的畜牲一樣，它也要吃水，火車一身黑的身軀，瀰漫在白色的水蒸氣中，是我記憶中最美的潑墨畫。然後，有人揮著旗子，下令開動，長長的一個「步——」聲，就「火車起行蓬蓬煙」了。「步－步－輕－嗆」，看得見地由慢而快，「步步輕嗆，步步輕嗆……」，一溜煙就走過了很多人的童年。

C

我的心亂成一團，
感覺飛起來的【C】都長得很憤怒。

明天作文抽查，今晚不會是個美麗的夜晚。

高一遲交，高二補交，高三忘了要交，代表高中歲月的作文三部曲。年輕的國文老師沒什麼好怨的，離退休日子還長得很，改作文很折磨，這種怨懟不能多想。老夫當了一輩子國文老師，深深覺悟一定是上輩子做錯了什麼事，當然也有可能積了不少陰德留給下輩子。

「愈夜愈美麗」，會這麼想的，以女性國文老師居多。平常總是在晚上九點料理好家務，全家上床就寢後，再從容不迫地抱著一大疊作文簿，走到書桌面前。坐定，心裡頭呼口號三遍——【認真的女人最美】，自己給自己痲醉片刻。然後改啊改，改啊改，改了三十年，把頭髮都改白了；最後，再陶醉在「我這一生都奉獻給教育了」這樣的幻覺裡。

改作文的大燈打開，都是從一聲長嘆開始的。今晚尤其需要長吁短嘆的長短調，才能扛得起如尚方寶劍的那一枝筆，很正義很公理地處理這些補交的作文戰犯，該砍的砍，該剮的剮，讓頑劣叛逆的學生【哎呀】慘叫一聲好痛，讓他體會作文人生有多艱難，以後要共體時艱，作文才有好下落。

行情價——補交統統以【C】伺候，老夫是這麼幹的，其實補交也沒幾個好好寫的，雖不中亦不遠矣。

「一張舊照片」：

有的文章一開頭就來個：「照片的價值你知道嗎？那讓我慢慢來告訴你吧……」窠臼窠臼！老夫給你個【C】。還有的以犧牲親人來成就自己的作文，阿公阿嬤們當心了，你最疼的金孫拿你當祭品了。枉費枉費，都是瞎扯蛋，比【C】好一點，加個【＋】。

「人物論」：

這類題目，十個有八個都寫「岳飛」、「文天祥」，好像五千年文化就只有這兩個人。堂堂建中人只認識這兩人，套招套招！因為國中國文課本有編選這兩個民族英雄，學生就移花接木，像照相一樣，想當然耳完全照抄，以記述行文，什麼也沒論，也是給個【C】；抄得不得體，就在【C】的右手邊加個【－】，懲處以標準答案進行寫作的遺毒。

「惑」：

不是「疑惑」、「迷惑」就是「困惑」，像在造詞比賽，不痛不癢，一窩蜂一窩蜂！只是在門前搖旗吶喊，呼吶喊叫一番，滿篇都是惑惑惑，像行屍走肉，又像蕩蕩遊魂，寫的都不是自己想要寫的，東一句名言佳句，西一套賣菜阿嬤的事例。臺灣再爛，好歹政治還有個藍綠大對決，怎麼作文早就統一了，二話不說，【C】【C】【C】。

……

草草搞定，也算是一種大刀闊斧，但必須心夠狠，「殺無赦」，才下得了手。

■

可是啊！天有不測風雲，人有旦夕禍福。沒有那個王者的天命，就不要隨便給學生棒打落水狗。不要隨便跟老天開完笑，人在做，天在看。老夫不分首從，一律以【C】給補交學生重重處罰，這完全是情緒反應，嚴格來說，是沒有人性的作法，禁不起天理良知的檢驗。

下面一段故事，是老夫真實的遭遇，不折不扣的天譴。學生到學校的首要目的就是來學陌生的知識，他若不愛，教書的我們要回家反省反省。老夫老矣，請後生晚輩以我為鑑，那個【C】規矩，說給普羅大眾聽，算是「前言戲之耳！」國文先不要有樣學樣。老夫只是虛驚一場，你未必能全身而退。

■

蕭颯秋寒，騎著電動的老驢，我慢悠悠地看街頭寫景。光陽一二五「トトト」，天色陰灰，低吟淺嘯，緩老緩行。

一個黑包包，兩個舊書袋，老夫結果了兩個班的補交作文。眉眉批批，在整捆作文簿內含斂血色，那是我心沸騰。熱熱火火，我放任筆刀暈染，作文紙若落日霞紅灑遍。

講臺上我是三國志，鼓書英雄的悲涼。案桌上我是個霸者，高唱作文的哀歌。

今天一早要發下補交作文，有人要喪膽。所有人都得【C】，老夫是殺手。

■

只差一段路，紅樓後退。合該是一陣邪風，老夫的書篋滾落南海路中央。一部小心翼翼的小貨車，粗獷輾過，作文紙解放。一號在逃，二號在逃，三號起飛，四號翱翔……一個班級紙飛吹揚，一個班級屍橫遍野。撿一張，掉三張；張張都是我的斑斑血淚。抓一篇，落三篇；篇篇都是我的血淚斑斑。得【C】的在奮飛，得【C】的在掙脫。

■

交通隊收崗。

南海路死靜。

「誰來救我？救命喔……」

「誰來幫我？救命喔……」

上天啊！作文不殺我，我卻因為作文而死！

蒼天啊！一隻紅筆穿腸剖肚，我濫殺無辜？

■

一個老阿公走近，一個老阿嬤走近，植物園來了！三個四個五個六個七個，植物園喔咿喔咿救人了！植物園早覺的悠閒老者，悠閒走出，閒話走出……仙風道骨的，斜穿。古道熱腸的，騰飛。老扶老，眼睛快跑。急急如律令，衝來！改好的作文如黥面，橫七豎八躺在亂葬崗。眼角一瞥，不遠的遠方紅燈亮起，有救了。

清癯的老人走在前面，像救火隊的頭頭。他揮一揮義勇的手，行俠仗義的眼神，熱情地說。

「老師免煩惱，我們幫你撿。阿西仔，緊來緊來……」

「你們兩個查某在這邊，我們去那路中央那一邊。」
「阿蕊啊！你負責看車，車駛過來，要喊一下。」
「恰邊耶先撿，恰多的先撿，恰安全耶先撿。」（較邊邊的先撿，較多的先撿，較安全的先撿。）

緩緩蹲下，看起來不慌不忙，人生急不得；急急救紙，撿起來有板有眼，意外慢不得。我心亂成一團，感覺飛起來的【C】都長得很憤怒。

■

來了七老人，紅樓收了一畝田，稻浪婆娑，粒粒金黃。一位急匆匆的大漠遲到客，小跑步趕路，心慌意迷……瞅了一眼，退後兩步，跟著多位老人彎下腰，拾穗……他撿起一張，是南海路中央最膠著的一張，等第【C－】。那一張【C－】越過雙黃線，【C－】它頑強待飛，【C－】它一心遁逃。

■

綠燈亮了！剛好收拾完畢。

「謝謝謝謝！」

「免驚免驚。」

「謝謝謝謝！」

「老師啊，好家在……」

「謝謝謝謝！」

■

接過紅樓才子那張傷痕累累的【C－】，一滴雨落下來。南海路的心，像一條滾滾感恩的河，老夫喜獲甘霖。我戴著安全帽，一個跟我一樣差近耳順的老翁說：

「老師啊，您一定驚著了。」我點點頭。

今天發抽查用的補交作文，老夫魂飛，魄散，膽喪。以後不打【C】了。

✣一叟小語

作業抽查的季節來臨，作文補交的成本最高，它必須從零開始寫起，不似其他科可以東抄西抄，很快可以寫定。同樣的，國文老師也好不到哪裡去，他也必須一字一字看、一句一句圈，評語少不了，動作快不起來，學生懇求晚交聲聲遲，你也只有閉目養神聲聲慢。

「遲交」沒追蹤，接著就墮落成「補交」，補交一久就沉淪成了「不交」。等到兵臨城下，教務處抽查令一下，作文戰場總是哀鴻遍野。你不給機會，學生就兩手一攤，無所謂給你看，反正最後都是熬夜拚起來的，這是定律。

作文大掃除的結果，兩、三個班總有一堆不怕死的紅樓才子，臨到最後一刻，才將熱騰騰的補交作業送上門，於是「誨人不倦」的國文先還得要「有教無類」，忍人之所不能忍，一個晚上統統善後。為了表示我們的豁達大度，我們只有不計前愆一條路，不能給人家扣分，有一分胸襟才有一分事業。何況沒交作業是我們督軍不嚴，小老師作業沒收好，我們也要概括承受，極低調的處理。

讓學生喜歡，是寫作業的康莊大道，抽一鞭走一步，罵一句寫一行，那是對付畜牲的手段，我們是萬物之靈的人，老師、學生都要懂得這個道理。

學生存的能力

共產黨來了

班上流行音樂社的吉他王子，
寫了一條歌。邊撥弦邊唱「共產黨來了」。

告別了幾畝黃澄澄的稻浪，一墟老村百嶂山的古道，邁出了髫童長長的身影。長得不夠精壯的肩膀，踉踉蹌蹌揹著行囊，穿破湘廣的瘴霧。稚嫩的遊子跟不上流浪的節奏，抓不準焦距的框架，老山往後走，村子愈走愈小，模糊成了鄉愁最後的鏡頭。拉了半天的破車，爸媽的手一放，他上了像戰鬥機的飛機，一飛沖天，再揮手一回顧，只見層層雲海在蒸騰，湖南再見。香港的華航空姐，接過他的手，就這樣到了臺灣，依了爺爺的親。嚴格說來，他才四歲不到，便帶著山凹村子裡的土腔，在臺北長大。

■

那幾年，建中第一類組的班級有七、八個班，已達最高峰。有幾位二、三類組的高材生在高二下、高三上轉組到班上來。三年級上學期，有位長相糙老、憨厚、正直，操嶺南口音的轉組生，當選人人畏而遠之的衛生股長，高三整潔似乎有了新氣象。當選那一刻，全班像中了邪一樣，統統站了起來吆喝著。鼓掌，是向高二髒亂的衛生工作表示不滿，也是義憤填膺。他拙於言辭，木訥訥的苦笑，有一股剛毅在眉宇間燃燒。

「我很不會做事，我的意思是說，我做事很笨，但會認真。」掌聲不斷。

「感謝大家選我，只要大家支持我，我一定秉持良知做。」口哨聲出來了。

「我鐵面無私！一就是一，二就是二，沒有模糊空間。」

「肩膀……肩膀……肩膀……」

歡呼聲好像是說爛了一學期的打掃工作，有救了！有那麼嚴重嗎？我倒從沒有覺得不好，頂多是不夠好而已。駝客爭氣，別有意見。各科小老師他也赫然在列，我的國文小弟，負責收作文與週記。

■

開學第一天，他公布了整潔工作管理辦法細則，嚴謹周密。

「老師，如果同學沒掃地，或者掃不乾淨，怎麼辦？」

「一般性的，你跟班長決定；特殊狀況，交給我處理。」

「老師，如果有屢勸不聽，或者裝傻不掃的，怎麼辦？」

「這你先跟班長討論，需要我出面，再會同班長找我。」

做事態度這麼認真，一絲不苟，是另一類的紅樓才子。建中學生有追求自由的狂熱者，有民主法治的捍衛者。族群多元，意見多樣，敢說敢做，最後又能融合包容。調皮搗蛋者有之，冷嘲熱諷者有之，最後都能進能退。這樣的卓越優質，這樣的能動能靜，這樣的個個爭先。沒進來建中樹人，體會不到建中陽光下的睿智與多情。有這樣的幹部，有這樣的組織，有這樣的熱血，我躺著老朽。

第二週以後，開始有人跟衛生發牢騷、流言四起、口舌衝突……。班會一次比一次火爆，怒吼聲、噓聲、幹譙聲，聲聲入耳……。

「這簡直是共產黨的作法……」有人發難。

「這裡是建中，不是湖南……」有人附和。

「你是共產黨……你是共產黨……」聲音愈來愈激化。

「共產黨來了，共產黨到建中來了……」

「共產黨」成了衛生股長的綽號，血淋淋的挑釁。從此以後，建中就有了共產黨的影子，湖南來的共產黨。

下課的抱怨聲，從教室蔓延到走廊。

「他×的，選錯人了，拿石頭砸自己的腳。」

「他家住重慶南路，那麼近當然沒問題；我家在土城，他以為我走路就到學校了。」

「他那麼愛掃就給他掃，沒掃不行，掃了也不行！……」

「不通情理！嚴格可以，不能嚴酷，嚴酷可以，不能泯滅人性啊。」

「掃地的沒來，我不能拖地；掃地的來晚了，我怎麼拖？」

「第六節下課就要清洗黑板，下一節老師又要寫，還不是會髒？」

■

週五班會，衛生股長一條一條罪狀，血淋淋攤開，湖南腔在點名。

「擦黑板的值日生，這個禮拜都沒擦乾淨。」

「外掃區每天都有兩、三個人以上沒到。」

「走廊先掃地後拖地，掃地的還要撿水溝的葉子。」

「公布欄溝溝的灰塵，要清乾淨。」

「除了班長以外，其他的幹部都必須輪值掃地。」
「垃圾分類一定要落實，嚴禁像丟籃球一樣亂拋。」
「每個人七點半，統統要到校，沒來沒辦法掃地……」

■

班上流行音樂社的吉他王子，寫了一條歌。邊撥弦邊唱「共產黨來了」，還哼哈三重唱。節奏簡單，悲涼滄桑，諷刺犀利，很快傳唱開來。

共產黨來了……長鋏歸來乎！食無魚！
共產黨來了……長鋏歸來乎！食無肉！
共產黨來了……長鋏歸來乎！食無車！
共產黨來了……長鋏歸來乎！無以為家！

有一天中午，我到班上，聽到傳說中這條旋律簡單的歌，「共產黨」低著頭自顧自吃他的便當盒，並不以為意。我揮手示意，吉他王子跑到講臺邊來。

「老師給你取個藝名，『馮諼』，何如？」

大家笑翻天，共產黨露出一口白牙，也紋紋的笑。

■

內閣有危機，有人硬幹，有人要罷免。班長私底下跟我商量，要不要換幹部？避免衝突擴大。

「老師，共產黨太直了，沒有緩衝的空間……」

「他很認真，為了正義公理，我們要全力支持他！」

「可是，反對的情緒銳不可擋，我擔心會出事。」

「他沒有錯，只是方而不圓而已。」

「或者衛生幹事和衛生股長換一下……」

「不行，我明天起七點半準時到班上。」

「……」

■

「〇〇〇你很盡責很賣力也很辛苦，老師知道你受的委屈。」
「老師，不會，要做就要做好，我沒有怪別人。」
「同學個別有意見的就告訴我，我來處理，你不要和同學起衝突。」
「老師，我不會跟同學吵架，老師放心。」
「你可以要求，但不要太緊迫盯人，他們會受不了。圓通一點……」
「老師，他們叫我共產黨……」
「沒關係，他們也叫我老大……」
「可是共產黨意思不太好，他們叫你老大是敬畏啊！」
「沒事啦，一個是紅色，一個是黑色，如此而已！你想太多了。」

■

——「有人默書亂改，請再來修正一下。」
——「錯、漏、多一字都扣一分。一題五十分，扣完為止。」

——「上一次有人包庇，幫別人寫，我沒有說。這一次……」
——「榮譽是人的第二生命，大家要愛惜自己的人格。」

「共產黨，你給我下來。你回去湖南好了。」
「真的有人塗改！」
「是誰？你直接點名，不要一竿子打翻一條船！」
「真的有人亂改！」
「你不要汙衊我們的人格。共產黨……」
「真的有人代寫！」

「長鋏歸來乎，食無魚……」有人起頭唱。
「長鋏歸來乎，食無車……」

……………………………………………………

■

「合作社獎學金一千塊，每班一名。」班長說。

「不限成績。請大家推舉……」老夫說。

……………………………………

一千塊，沒人要。

「給共產黨啦！」一堆人站了起來，掌聲不歇，笑聲接著來。

「真的沒有人要，就給共產黨好了。」老夫竟然也脫口而出，直呼共產黨。

全班忽然間全靜了下來。

「好！恭敬不如從命。」共產黨點頭說。

■

週三下午的自習課是鬥爭大會。

「一千塊呢！爾俸爾祿，民膏民脂。下民易虐，上天難欺。」

「哇！靠爸。你是靠老師……十六字〈戒石銘〉你要背好。」

我悄悄進了三〇七教室。全班傻眼。

「……」

■

兩個禮拜後，一個悶熱的午後，下課鐘響。放學後，嘉義來的外地生，租賃在外的吉他王子，不知哪兒搞來一部機車，在泉州街口無照駕駛，沒戴安全帽，破機車像發情的水牛亂闖。共產黨正好在泉州街轉角親睹這場意外。不知是怎麼撞的，竟然直條條撞上了圍牆，不省人事，「歐伊歐伊……」共產黨和教官一起上了救護車。「馮諼」頭撞破一個洞，右腿骨折。老夫公假南下，不在學校，啥事都不清楚。

「聽說是共產黨護送他到和平醫院急診室。」

「聽說是共產黨替他繳急診費。」

「聽說共產黨主動輸了二五〇CC的血給他。兩個A型恰恰好。」

「聽說共產黨在急診室哼了『共產黨來了』的歌。」

班長給我這些收集來的路透社即時情報。

吉他王子因為撞車事故，跛腳了一個多月，也記了過。從此以後，沒人幹嚥共產黨，他贏得全班的友誼與尊敬。後來共產黨當選班級模範生，第二天他請大家喝開喜烏龍茶。並且和大家合唱「共產黨來了」。

共產黨來了……長鋏歸來乎！食無魚！
共產黨來了……長鋏歸來乎！食無肉！
共產黨來了……長鋏歸來乎！食無車！
共產黨來了……長鋏歸來乎！無以為家！

多年以後，他積極連絡同學，辦起了同學會。那時他在警政署上班。濃濃的湖南農村土腔不變。他站起來說話：

感謝大家參加，共產黨我謝謝你們。其實我四歲就離開湖南農村，對家鄉的印象是模糊的。共產黨長什麼樣子，我也不知道，你們就說我是共產黨，我很氣呢！當年對各位掃地的要求很嚴格，請大家原諒我。我的爸爸告訴我做人要腳踏實地，不能摸魚。我的臺灣爺爺叮嚀我：要做一個頂天立地的人……我告訴我自己一定要做一個有出息的人！不然，對不起那位漂亮的華航空姐！這些點點點，我都在臺灣辦到了。特別是建中人，改造了我的一生，讓我學會生存。當年一千塊臺幣，寄回湖南老家，就夠我爸媽吃兩個月……那一條〈共產黨來了〉的歌我還會唱，雖然五音不全……

「喝酒！喝酒！大家來，共產黨你多喝一點。」

「共產黨如果能像你這樣，那……哈哈哈……」

「馮諼，唱唱唱，〈共產黨來了〉！」

「湖南來的共產黨是好的共產黨。」

「哈哈哈……哈哈哈……哈哈……」

一叟小語

在教室裡看到的學生社會，可以隱約覺察到成年社會的縮影，十分具體而微，但仍然保留了清純乾淨的溫暖。立法院的肢體衝撞，語言對抗，移植到中學班會，多了理性的議事規則，少了複雜的政治元素。

優質的紅樓才子，在講臺上不靠作勢的拳頭，也不靠拐彎抹角的舌頭，有話直說，有意見就討論，沒結論就表決。鬧哄哄並不至於亂哄哄，尖銳的話題可以化成繞指柔，難堪的對立可以一笑泯恩仇。有同窗共硯的情誼，不怕激情的嘶吼；有真摯誠懇的良知，不怕失智的質詢。教室裡有溫情、有人性，沒有風暴、沒有詭譎，臺上臺下都是可愛的地方。

每年到警政署擔任作文評審，都會想到那湖南深山來的小伙子。這位不能「以身之察察，受物之汶汶」的現代三閭大夫！這位不能「以晧晧之白而蒙世之溫蠖」的現代包青天！衙門的森嚴威武，因為他的純厚篤恭，多了幾分的溫情。他早就換了單位，我仍然覺得他應該拿出當年衛生股長的鐵腕，在這裡繼續捍衛警政。

吉他王子——馮諼〈共產黨來了〉那條歌，悠悠響起。用湖南來的鄉音唱〈共產黨來了〉，會不會更溫暖呢？

週記春秋

他第一週週記只寫了——

「中華民國萬歲」六個大字。

第一次接建中第一類組導師那年，我三十三歲，來建中滿四年了。學校欲派男老師去中興這四個班，我長得冷、長得黑、長得惡狠狠地，第一個雀屏中選。當時建中社會組學生，個個身手不凡。

有的人三年讀完全套《資治通鑑》；有的人對馬克思《資本論》如數家珍；有的人康德哲學原文書抱得緊緊地；有的人醉心於《史記》、《漢書》、《三國志》；

有的人熟讀《古史辨》以對付堯、舜、禹。

當時的學生是那麼的難搞，又教人打從心裡萬分欽佩，有的天賦高、有的有家學。我總是自忖潛養華夏經典的底蘊，足以在眾小蘿蔔頭前口沫橫飛。可是啊！教愈久，真的愈心虛，建中人實在太強大。

■

說說週記的故事，讓現在的紅樓才子渺小一下。

二十幾年前，當時書法要用毛筆寫，作文也用毛筆寫，連週記都要用毛筆寫，而且書法、週記每週都要寫。磨墨的時代過去了，學生每天都要帶一大瓶「開明墨汁」到學校，衣服書包沾上墨汁，隨處可見，有時候連便當盒都黑魯魯地。

有位調皮的學生，對寫週記很有意見，他常借題發揮，散槍打鳥。改週記像泛舟一樣，很刺激但也很危險。他在週記上公開宣戰——

作文用毛筆寫很不合理，請老師告訴我升學考試有用毛筆寫作文的嗎？用毛筆寫週記更不合理，沒格子怎麼寫啊！書法用毛筆寫我沒話講，可是應該開選修課，讓真正想學的好好學啊！週記是反映學生的心聲，老師你若有骨氣，應該考慮幫我們說說話，不能解決不怪你，請你去問校長或教育局長，讓他們評評理。

他狂妄叛逆，咄咄逼人；我年輕氣盛，受不了刺激。真的學青史上萬言書的政治大咖，硬是逼著教務主任上我的簽呈給教育局，持著作文與書法分開的理由，落實書法選修課，作文便宜行事，用硬筆方便寫也方便改。我在教務處臉紅脖子粗，撒野了一陣，萬言書勉強上了。……沒想到局長居然批准了，作文可以用毛筆也可以用硬筆寫。

報紙一登出來，他在全班公開說老夫帶種，以後誰敢為難「導仔」（導師），便跟他沒完沒了……然後低聲跟我說：「其實臺灣省已經實施三年了。臺北市真落伍呢！」

老夫啞巴吃黃連，覺得自己魯莽，也為他的思慮周密，連呼則則。

生活週記第一欄就是一週大事，記得從國中開始，學生都可以從週日報紙的「一週國內外大事」欄，選幾條抄一抄就行了，想當然耳，老師都是紅筆勾一勾。可是建中學生喜歡測試老師的態度，看你真的仔細看了沒有？

最近有一位學生，字故意寫得很草，在幾條國家大事中埋了陷阱。上頭一路寫下十分順暢：「有一個食品集團在臺灣做昧著良心的事，現在社會民間都在進行『滅頂』計畫……然後偷渡了幾個字：『嘿嘿嘿！老師你一定只顧著打勾勾沒看到。』……這是臺灣食安空前的炸彈。」

老夫的評語是：「哈哈哈！我看到了，天冷，你千萬別『落水』了。老師關心你。」

國文程度好的，也有人玩陰的，字跡工整端秀像歐陽詢，填滿了一週大事欄，儼然就是個頂級乖寶寶，讓你迫不及待給他打甲上。後生晚輩的教書匠可要小心啊，最完美的作品，有時候也會包藏禍心，君不見，最鮮豔的蛇最毒，最華麗的野菇最蠱。他玩冠頂格的遊戲，每一行的第一字由右讀到左，竟然是——

「認真的人最美這句話都是用來麻醉老師的。」

洋洋灑灑如串珠，如果你沒看出端倪來，認真的老師你就死定了。天佑老夫，我讀懂了，也回敬他一句，以示用心，並且凸顯自己的大器——

「謙虛的人最真這句話都是用來鼓勵學生的。」

還有位學生一週大事是抄哥哥的，七、八年前的新聞還是新聞嗎？老夫請他給個理由，不然準備跑操場三圈。隔週他就在週記上申訴，振振有辭的說：「老師：第一、我哥哥是建中校友，我崇拜他，我以他為榮。他到德國留學，我思念他。抄他的週記，如見其人，手足之情，躍然於週記之上。第二、我老哥顏體的字雄渾剛猛，我把它當字帖來練，我個人覺得字的精神比內容有價值，新聞是什麼，我根本不知道。我模仿得渾然忘我，發憤忘食，不知老之將至……」

老夫一手握拳，一手批文——

「骨肉手足，天經地義，給你拍拍手。操場免跑。」

■

有一位學生週記的「學習心得」欄用英文寫，而且兩面都寫得密密麻麻地，好死不死老夫就是怕讀英文才來讀中文系的，而且英文字典早就典當或送人。我只好戰戰兢兢，如臨深淵如履薄冰，給它打上最好的等第。鼓勵他讚美他好好地以英文繼續寫下去，險棋愈下愈不安。最後他開火了，在文末括弧內寫了強大的幾十個字：（老師我不是要刁難你，你可以用中文寫評語，這很OK，可是總要跟我的週記內容有關啊！謝謝老師，你好有耐心喔！）

天啊！那一年改他的週記，就佔去了我批閱全部週記一半的時間，而且我的英文都沒有進步，同時留下了可怕的後遺症——時不時就做噩夢，夢見我用英文教國文。每夢一次，就哭一次。

■

還有一位傾慕輔導老師愛心的學生，週記上寫了很灰色的「生活記要」，「我想死」、「這是遺書」、「我好煩」、「跳吧」、「我是個廢物」、「我要到另外一個安靜的世界」……老夫把他找來問問，他說是文藝創作。害我寢食難安，腦筋不夠用，頭煩惱得都腫起來了。他見我沒有進一步動作。第二天中午，我正在尋法子想策略時，忽然發現桌上有他留給我的紙條——

「老師，請你幫我把週記的內容做成專案，轉到輔導老師那邊，好嗎？拜託拜託……」

老夫批曰：「事不宜遲，老師馬上移送。……你別鬧了，駱駝先生。」

■

其他一些不想寫週記的，雖然是小症頭，也讓人印象深刻，並且呼吸不順。

「本週地球繼續運轉，沒有新的宇宙新聞。」

「竹科某大廠短路，疑似皮卡丘出來搞破壞，卡通警察正在深入調查中。」

「本週因為父母為了股票投資爭吵，求心情平靜，週記繼續停寫中……」

「有學長指導我，週記不想寫，就把字寫很大，我覺得這樣態度不好。但是我還是心情不好中，心情不好，週記就寫不好，老師應該了解。這週就寫到這裡。」

「今天社長教我做壞事，我覺得很低潮。但實在也不能跟你說，老師保密很辛苦，容許雨過天青後，我再寫出來。就這樣吧！」

■

有一篇最經典的週記，來自一位絕頂聰明的學生，後來讀臺大哲學研究所。

這一位是只跟著自己的理想流行的建國戰士。他第一週只寫了六個大字——「中華民國萬歲」。

看倌們，你說怎麼辦？你想想他有多少話要說？老夫批了一個字：「甲」。

第二週他又秀秀氣氣寫了——「中華民國萬歲」六個大字。老夫運氣，比內力，咬緊牙根又寫上「甲」。第三週、第四週一樣，他跟我一起在——「中華民國萬歲」和「甲」之間拔河。

第一次段考考完，滿腹韜略的他，主動找我談話。

「老師：我寫『中華民國萬歲』六個字，你為什麼不找我個別談話？」

「不過就是個週記嘛！要談什麼話？」

「那你為什麼打甲，不打乙或丙或丁？」

「我打的『甲』不是等第啊，那是我的習慣，只是表示我看過了。」

「那應該打『閱』啊！」

「『閱』喔，筆劃太多了，你只寫六個字，我划不來。哈哈哈……」

「那你可以打『乙』或『丁』啊！只有一劃兩劃。」
「乙？丁？那太傷感情了，有那個必要嗎？」
「那，原先你打算撐到什麼時候找我呢？」
「你是說算帳？……你自然會來找我算帳。」
「為什麼？」
「你不是來了嘛？」
他笑了。

（本文發表於《幼獅文藝》七三四期，二〇一五年二月號）

✚ 一叟小語

老夫都老大不小了，為啥打死不退？我之所以沒有動退休的念頭，重大的理由之一，是敬佩建中學生的天賦、智慧、理想、器識。建中人的週記不是人云亦云，也不是瞎爆料、充版面的。

那位「中華民國萬歲先生」，就是高三就飽讀西洋哲學、政治以及中國經典的紅樓才子。後來他當班頭，任何事都會先跟我商量。他熱血理想，用腦子良知與風作浪，教人深深欽服。

現在他——還屹立在第一線，為民間勞工爭權益。仍然是極具政治聖潔與理想的建中人。我非常看好他，不在於他是否榮華富貴。因為他追求的不是這個，我說的也不是這個。我為他翹起大拇指，為的是他的政治清骨。

懼怕他三分的是純小人；敬畏他三分的是讀書人；欣賞他三分的是政治家。政治家在哪裡？這一位我很崇拜的建中駝客。個兒不高，肚子有料，符合矬子肚子三把刀的古諺。我要活久一點，好看著他登上最高枝搖旗吶喊。

以他力透紙背的如椽大筆揮灑，以他浩氣凜然的正義喉舌高唱，能說能寫有腦子有骨氣有自己。他是第一流建中人的縮影。

師友斜影

作一位工友，可以像這個樣子；作一位老師，就要像這個樣子。

建中一一四週年校慶，雨下得不小，小駝客們沒把它當一回事。鬧熱滾滾，跟每個十七、八歲的少年郎一樣，亢奮得很。從上午九點起，我就沒有離開莊敬三樓的辦公桌。一波波的學生來看你，一聲聲的親切問你老師好。

看到一個人：驚喜。想到一個人：驚悚。

這兩個人，只要是晚近三十年建中畢業的都該認識。作一個工友，可以像這個樣子；作一個老師，就要像這個樣子。

■

紅樓斜風，灰雨濛濛。最難得的是看到一個人——老工友阿猜。

阿猜抱住我，我抱住阿猜。她跟我母親一個歲數。莊敬樓二樓的老工友，退休整整已有十個年頭了。中午，我們站著聊了一個多小時，幾位年輕老師不曉得我眼前這位阿嬤是何等人物？看我和她手舞足蹈，口沫橫飛的勁兒，該十分納悶。

他們不懂，那不重要。她的生存能力十分強大。

■

一九八四年八月來建中，她是我第一位認識的建中人。我的座位被安排在莊敬樓二樓大辦公室的偏遠角落，位置緊臨著阿猜的獨立辦公桌，我幫她接了很多電話。因此很快就認識全校的師長，我和她成了忘年之交。

她也告訴我很多的規矩，很多的祕辛——

「這裡的老師絕大部分是主任出身，你要有禮貌喔。」
「這裡的老師很多都從大陸來的，都是很有家學的。」
「這裡的老師只要把書教好就沒事了，但學生很挑。」
「這裡的老師要懂得尊重學生，學校非常自由民主。」

老夫很快就進入狀況！

■

「你今年幾歲？」
「阿猜給你猜？」
「四十八！」她自信笑著說。
「你好準喔！」天啊！我當年只有二十九。
那個年代初到建中執教的，大多四十來歲。
十八年後。兩千零二年那一年，阿猜退休。送別宴中，我再考她：

「阿猜，你猜我幾歲？」

「你看起來大概四十五，哈哈哈……」

她就是這麼一位聰慧的老嬤嬤。

■

阿猜不識字，全校兩三百個老師的印章，她毫不含糊。我問過她：

「阿猜，您怎麼這麼厲害，一個字都不認得，建中上上下下那麼多個印章，您是怎麼辨識的？」

「不會難啦！印章的字比較好認啦！……」她幽默得很。

有一天她幫我泡一杯花茶，跟我聊了起來：

當年學校要把我放到現在的莊敬樓二樓，我阿猜哭了三天三夜。阿猜我不識字，全世界的人都知道，主任說要我歷練歷練，不能永遠只是送公文跑上跑下。他不是要欺負我，可是到二樓面對的是所有老師，每一個人都有來頭，一個個都是響噹噹的名師，一些文書作業我怎麼辦？以前只消把公文從教務處送到總務處，不用腦都行，現在怎麼辦？

「你怎麼辦？」

哭完我就想，靠天公疼憨人，這樣是不夠的，天公應該最疼誠懇的人，咱要做給人家看，不能搖尾乞憐，求人家同情。

我就每天五點多到校，把每一個桌子都擦得乾乾淨淨，七點多老師們看到我時，我已經滿身是汗。喝茶的老師我給他泡茶，喝開水的我給他遞開水。看能不能感動老師？原來老師不是我阿猜想得那麼威嚴，這二十幾年大家對我比誰都要好。不識字沒關係，要懂得人情義理，我阿猜真感恩。

■

阿猜不邀功，男男女女都打從心底稱她：地下校長。

阿猜不恃寵，上上下下都樂意買她的帳：有求必應。

有一年她的么女，考進了我好友擔任高階的公司。我面告公司總經理，這女孩的媽十分了不起。友人悃悃懇懇地說，這質樸的新手非常賣力。公司一待就是十五年，職位一步一步往上升。

今天阿猜握著我的手，講到激動處老眼紅眶。阿猜說：多謝你給我女兒痛疼，多謝林老師。老夫說：我沒關任何說，都是她給自己牽成。

一位目不識丁的阿猜，栽培了幾個博士孩子。留學的留學，教授的教授，一下子全翻了身。一個幹了三十餘年的女工，最講求知書達禮。乖巧的乖巧，智慧的智慧，一家子光耀門楣。

「我阿猜沒讀書，但是我教咱子要做個謙卑的人、有用的人、有口碑的人。」

「您一直沒告訴我，印章是怎麼記起來的？」我心裡恭敬地注視她。

「我怎麼記得起來？哭出辦法的！我不是要大家全部改成木頭章嗎？每一顆章我都畫一個頭，只有我認識……哈哈哈……」

「阿猜，您有夠厲害，你最巧！」

那位走起路來搖搖擺擺像個紅番鴨的老阿猜。在我眼前笑呵呵地離去。熟悉地右手往天一揮。老夫戲謔地說：「阿猜，這次走路像天鵝喔！」

阿猜傻笑地答：「ㄚㄚ就是ㄚㄚ，講得那麼好聽。」

她的背影像極宜蘭老家的母親。我忘了再抱她一次……

聽著咳咳的笑聲，看著搖擺的身軀，我給阿猜下了註腳：

如果，只能做一片葉子，不必妄想造一片森林

可是，一片葉子一聲鏗鏘，也能是偉大的歸宿

■

驟雨不歇，晚出的噩耗，穿雨入耳，最難過的是想到一個人——石厚高老師。一位數學老師走了。學生一代傳一代，大家知道他上通天文，下知地理，上他的數學課，文學、史學、哲學、科學、玄學，什麼內容都讓學生聽得入神。他為理想在

建中度過晚年，最後，他在書店看書倒下，從此沒有醒來。

跟他共事那麼幾年，竟然沒跟這位數學大師講過幾次話。他有腿疾，不良於行，手握鈍重的拐杖，一跛一跛地走。反覆不斷的儒師身影，竟是我日積月累對他唯一的記憶。

《數學傳播》月刊，期期有他的文章，細說中華數算史。國文科以外的學科，中文學養豐贍的建中老師比比皆是，數他最特殊突出，《歷史月刊》也經常可以看到他的文章。從明清的數算到近代我國數學大家，他如數家珍。邏輯能力可以從數學鑑別，也可以從語文的表達力窺知。國文跟數學在建中講臺上，他自搭自唱，唱起了邏輯力。

■

這位出身建中初中部、高中部，最後定居建中的數學家。除了是建中老教員，當年也在東吳化學系兼過很長的課。親切聆聽他的教誨，竟然是退休多年以後，他刻意找我。有一天在三樓上課，霍然乍現石老師拄著杖，立在門外。

「你的《易經筆記》我看懂了，證明你真懂，接著寫……接著寫……。」

「林老師，這是我從福建帶回來的田黃石，送你。」

天啊！我何德何能？讓敬畏的偶像意外贈物。沒想到，建中學報連寫十八年，竟開展出我倆濃濃的情誼。

■

這一期有沒有登出遺作，我尚未得知，也沒去聞問。只是聽到他走了，走得意外，也按照他的方式走了。這位一生嗜讀書如命、杏香盈盈的前輩，走得離奇。聽說他正在書店專注閱覽的興頭上，喊一聲好痛，就沒了。

我跟他不熟，映眼的，只有他那一拐一拐威嚴的身影。

我跟他很熟，深邃的，他那一雙鼓舞了我的慈藹眼神。

記得他退休前三月，我送他一枝筆，上鐫「算數學天地，遊人文江湖」，難得一張滄桑的老臉，他笑紋紋地握我的手，連呼謝謝。有一天，上完第八節課，石老師在夕陽圓紅絢爛的傍晚，約我去吃建中牛肉麵，他是老建中人，習慣了這裡的一切，他也習慣吃那種「有湯沒有肉」的牛肉麵。「老張，各加一個魯蛋，三塊豆腐干。」他吆喝著。帶著幾分自信，邊搓筷子邊說，我洗耳恭聽，聽老駝客說傳承：

小老弟啊，我是非常純的建中人，我在這裡從青春到老。在我們年輕的時候，「建中沒落了！」就有人這麼喊了，聽了幾十年下來，建中一直也都是這個樣子，建中還是建中，紅樓依然是紅樓，與亡盛衰都不到，這裡是個自在的王國。再不了幾天我就屆齡退休了，你還年輕，這裡的日子還有得過。對這些狂傲青年要有信心，要拿出本事讓他們服你，不能照本宣科，不能打馬虎仗。我們認真教，他們也認真聽，他們是第一流的學子，我們得要問問自己是不是第一流的老師？批評建中才子很容易，讓他們佩服很難。想搞定他們，要拿出真本事，我沒一天在講臺打混過！

「謹遵教誨！」

「你說個什麼嘛！教他們做人學，教他們領袖學，教他們智慧學，才是正道，才是王道。想在建中教好書，什麼都要下功夫。後浪會推前浪，不要讓建中才子瞧不起。」怎麼有這樣以天下為己任的師長？

晚陽漸落，他拄著拐杖，一長一短的腳緩緩走出校門，他一絲不苟的勉語，是鼓勵也是警惕。他正以這種熱情，收拾天邊的餘暉，揮了揮手，轉眼不見。

■

已經想不起什麼緣由，在他榮退時，我竟斗膽在《教師會訊》為他寫贈別之文。睹文思人，不勝感慨之至！那一跛一跛的堅毅，十分永恆。我會記住您！

■

作一個老師，就要像您這個樣子——石厚高老師

紅樓百年，斑駁是她的驕傲
我們得要用心的捕捉，才能領會她的魁梧與蒼涼
厚高先生，敬業是您的本色
我們只要隨意的聯想，就能感受您的敦厚與清高
常常見到這麼一幕幕的風景——
長廊邊／拄著一把鐵杖／每一個步履／都是您踏實的鞭策
講臺上／握著一隻筆桿／每一個定理／都是您生命的飛躍
指數／對數／三角函數／數不清您數理科學的耕耘與收穫
橢圓／拋物線／雙曲線／畫不盡您文史哲學的浪漫與風流
粉筆放下擔子——紅樓才子感覺得到您獨門傳承的重量
黑板洗盡鉛華——建中後學已經記住您翩翩風采的公式
我們要大聲的說：
厚高先生／作一個老師／就要像您這個樣子

十一叟小語

如果你讀過劉老老進大觀園，就很容易捕捉得到阿猜鮮明的畫面。你就能領略這位不識之無卻通達人情世故，沒受過教育卻圓融、友善、智慧的老嫗，她歷練的生存哲學。她以真誠感動代替奉承示好，好有份量、好結實、好母性、好懿德的工友。誠懇是她圓融的深厚底蘊，親切是真摯的強大魅力。書讀多了，如果多的是偽善；書讀高了，如果高的是巧詐，這就白讀了，阿猜沒讀書，卻像個巨人。

如果你喜歡讀黃土高原來的俠客，那鐵錚錚的漢子，那虬髯髯的義士，那黃撲撲的風霜，一手拄著沉甸甸的鐵杖，一手執著雪白白的粉棍，石老師就是溫文爾雅的儒者，也是鐵漢柔情的俠士。教數學也教人生，說天文也說地理，指數對數中更黏緊了歷史的得失，三角函數也涵蘊人文的教化，這就是他的春風化雨。一生就這樣一階一階的走向典型。

尊嚴是自己給的，典範是別人封的。看到一個人，想到一個人，一位是工友，一位是老師，他倆都從自己的位置走出了生存的極致。

報告師長

師長嚴整的臉色，
先赭紅——轉鐵青——後貧白。

塵封多少年，那段部隊阿兵哥的生涯，因著師長之子又「風雲起，山河動」起來。

十幾年前，高二開學第二天，師長來了，他身著便裝，未見星星掛在肩膀發光。主任教官畢恭畢敬親自奉茶陪著說話，其他教官們也環伺左右，階級在發酵。

那一年，要不是動員教召兵出了人命，威風八面的師長早就幹上軍團司令了！

天運難違，轉進臺北尋個總教官取暖，一上一下，雲泥之別，真為他叫屈呢！

■

窗外的教官，側著身子，曖昧地跟我揮揮手。張姓輔導教官很當一回事，急匆匆咬我耳朵。

「你班上魯友直的老爸，是不是大學總教官？」

「這個班我剛接，他是圓是扁？我哪會知道啊？」

「我翻了資料，他高一犯錯累累，問題很大耶！」

「有什麼關係？老夫是貓，老鼠再多都不怕。」

「他父親想拜訪你！主教請你去教官室，勞駕……」

打了鐘，從正誼樓三樓直奔訓導處。椰葉不豐，一排大王椰子乾乾癟癟。下午操場的風飛沙，一陣起一陣落。邊走邊瞎猜，是誰來這個官場禮數？

■

建中向來天不怕地不怕，一切照規矩走！高一新生編班，就是按照公布名單，一二三四五六，一個挨一個排下來。任你什麼來頭都一樣，公開排班序。管你是什麼大官、立委全都使不上力！究竟是何方神聖？難不成帶了槍炮來？

再大咖也比不上當年戒嚴時的總統吧？聽說當年長孫違反校規，建中照樣辦。經國先生到校一鞠躬，向賀校長表示歉意。這便是建中之所以為建中，傲節、狷介、堅持。

紅樓的骨頭，他是一開始就硬起來的！因此，我往心裡納悶，建中什麼時候吃這一套？

■

一腳踏入學生心目中的「衙門」。天啊！那人好面熟……。是了是了，他是當兵時的老長官，服預官役時，他記了我好幾支過，站在旁邊的應該就是將軍夫人。

高獷獷的鐵架身，利晃晃的眼刀子，瘦削削的凸顴骨，直耿耿的長手肘。師長在教訓人的時候總是這個樣兒，師長在肯定人的時候也是這個樣兒。

「這是二年八班導師林老師。」

「他們是你班上魯友直的家長，魯將軍、魯夫人。」主教介紹完畢。

「我知道。」他一定不了解我這句話的意思。

魯將軍示意要跟我單獨密談，我們三人進入小房間。對建中學生來說，這裡是個十分神祕的小密室。自白書、悔過書、家長協調會、學生兩造對質，最後的定奪都在這裡完成，就像簽訂雅爾達密約一樣。我走在最前面，魯夫人最後。

■

他的眼神矍鑠，自信剛正，氣勢過人，不減將軍本色。言談指麾，跟當年在司令臺大集合場講話的凜然威武一個樣。

「林老師，我孩子高一很糟糕，功課跟不上……」魯媽先開口。

「只要肯讀，慢慢就跟上了，您先不要慌。」

「這是小事，嗯……」喔？那還有什麼大事？我心裡想。

「我孩子，叫魯友直，去年被記了幾支過……」魯將軍說。

「今天才開學第二天，學生資料還沒到我手上。」

「孩子的媽都沒告訴我，聽說可以銷過，有這回事？」

「有這回事！貴公子的事，我還沒進入狀況，我會深入了解。」

「他就是不聽話，如果在軍中，我早送進禁閉室，太可惡了！」

「魯爸爸，不要動怒，這個年紀都是這樣子。」

「我治軍非常嚴格，沒想到自己的孩子卻管不好。」

「我知道。」他一定不了解我這句話的意思。

「聽說能不能銷過都看導師的決定，老師您一定要幫幫忙！」魯媽渴望、心焦。

「這不用幫忙，校規都有規定，可以可以，不難不難。」

「我是說，他應該會繼續犯錯，我的孩子我知道。」魯媽一臉無奈。

「請老師區隔犯錯和銷過，這兩件事能分開看……」魯將軍幫我順了順邏輯。

「會的！會的！建中是自由民主的學校，放心。只要他表現好，觀察時間滿了，過就可以銷了。」

「謝謝老師，萬一因為德行畢不了業，我實在丟不起這個臉！」

一向英武警敏的師長，聲音遲疑，悄悄變成沮喪的父親。

■

氣氛冷窒，那是老父的慈顏。思索片刻，老夫脫口而出。

「師長好！」我說出口，淺淺一笑。

「哦，你知道我幹過師長喔？那是從前的事了……」

他先是吃驚，接著，一直緊蹙的眉頭展開了。

「我服預官役時，您是我的師長！」

「真的？那太好了！那太好了！」師長開口笑，笑出了自信。

「你是哪一期哪一旅的？」

「師長說旅會不會洩密？要說部隊番號嗎？」

「不會不會……」

「二十八期，陸洞拐旅。」

「哦，那不是我們成功師編制內的番號，是別的單位來支援的。」

「對！我嘉義報到，連夜就撥過去了。」

「那我孩子真的可以放心交給你了！哈哈……」

「放心放心，其實他到建中哪個班都可以——放心。」

「我孩子的過，就麻煩你了，不要留紀錄……」

■

「有關係嗎？師長！」

「留下紀錄，我們會擔心，怕會影響他的未來。」

「真的嗎？當年傳說預官記過不能出國……」沒等我說完，他搶著說。

「……總是不好，我這一趟總算沒白來。」

「師長，我在部隊裡被記了不少過呢！」

「後來呢？」

「退役時，我以最優秀預官接受您的表揚！」

「沒想到陸洞拐這麼嚴格！印象中不是這樣呢。」

「師長好，不瞞您說，我都是栽在你手上呢！」我誠懇中帶一點戲謔。

師長嚴整的臉色，先赭紅——轉鐵青——後貧白。

我步二營兵器連輔導長，卸下戎裝，數了數，記了七支過。記得當時，我的連隊早上跑步，有兩個班長偷懶沒跑，連長輪休不在，我當家，記過一次。連上安全士官打瞌睡，師長半夜查哨，在中山室前怒斥記過一次。連上值星班長，上野外課，私闖乾河溝摘野生芭樂，又一次過。連上軍械士兵站彈藥庫勤務沒帶槍，師長又記一次。連上班長半夜翻牆去學田村喝酒違紀，再記一支過。

■

「受委屈了沒？我怎麼都沒印象呢？繼續說……」

「師長，我真的印象深刻，不委屈，我情願如此。」

我為旅部立了全國性的大功，兩支大功給人，我覺得不需要，和營長商量後，給連長。連上這些事都是後面發生的，師本部的獎懲需轉支援單位，還好有陸洞拐旅緩衝。旅長知道我連上的實情，愛護我，建議取消懲處。旅長下令旅部參一免懲，記過單自動失效，我的教育班長們與上兵，也都沒關禁閉。陸洞拐在成功嶺表現不出色，但都帶住心哪。

「干你什麼事？幹麼記你過？你又不是連長？士官兵關禁閉，不然送軍法就好了。跟你……？我真的會記你過？你政戰系統，我不會吧……」

「都是連長不在時出的事，我一級代理要有肩膀！我一肩挑下，班長就不用進禁閉室一週。我承擔，站彈藥庫的兵就不用軍法從事。其實都是師長你嚴峻厲斥下要求查辦的。師長你還狠狠罵過我們部隊長好幾次……說陸洞拐是什麼部隊？簡直是烏合之眾。但這樣訓斥是對的，換作我也會這麼做。」

「那真不好意思，你們一定很惱怒、很生氣。我治軍太嚴格……我內人也常這樣講我……」

「哪是？應該的。那裡是軍營，軍令如山。」

「你這麼講，我怎麼好意思再讓你銷我孩子的過……」

「這裡是學校，我們講的是教育，有教無類。照規矩來，會的會的。」

■

送師長到門口，我補了一段自己渾球荒誕的事。

有一次一大早，連長又不在，我睡我的大頭覺，沒起來吃早點。您開著吉普車到我連上巡視，兵臨城下，外頭已經天下大亂，我渾然不知，師長您敲我的門。我以為是連上那兩個我專屬的新兵——黑無常和白無常，叫我這個長官吃飯。門敲個不停，我怎麼都沒想到是師長您敲的。我連說了兩句「滾進來！」您沒回應，我大膽接著大喊：「滾進來，你聽懂沒聽懂？」……沒聽到回應，倒是聽到有人破門而入。我心知不祥，緩緩睜眼一瞅，瞥見星光閃閃，我一骨碌兒從床上跳下來，雙腿觳觫不已。師長你說：「你真作威作福啊……你是軍閥呀……」我的臉色想必羞得像豬肝一樣，那一次被您記了兩支過，那是該記的，而且應該加倍才對！真是太混蛋了，謝謝師長輕輕放下，你有不忍人之心啊，不過旅長都擋了下來……

「喔，那件事我記起來了，是你喔！你的單位在司令臺左側籃球場第一棟嘛……哈哈哈……」他笑得乾苦，笑得尷尬。

「你還真的是傷痕累累。」

「師長你還真的是……會記人家的過。」我愉快地說，痛快地笑了。「可是後來七支都不見了，師長！哈哈哈……」

「林老師，你就公事公辦吧！我一時糊塗，剛我說的都不算數。」

■

師長不起眼的私用轎車，駛出建中大門。幻想那英挺威武的吉普車，彷彿從成功嶺開到南海路口。沒有塵土飛揚，沒有角弓的將軍，輕輕悄悄走了。成功嶺的印記，在我記憶的深處唱入雲霄……高嘯……【國旗在飛揚，聲威豪壯，我們在成功

嶺上。】【鐵的紀律使我們鍛鍊成鋼。】【愛的教育給我們心靈滋養。】

〈成功嶺之歌〉我足足唱了十四個月。

師長我忘了告訴你。我家大犬是你孩子的學長。因為一支警告沒銷，他領不到建中特別貢獻獎。我兒子說錯了就是錯了，打從心裡銷掉才有用。我軍中的七支過銷了，他紅樓的一支警告留下。

我兒子比我光明磊落多了。

✣ 一叟小語

記了七支過，我感受到自己堅硬的肩膀，也看到自己柔情似水的關愛；代替部屬受懲，我感覺到長官的包容。記了七支過，我學會了旅長的帶兵之道；沒有師長的嚴懲，我不會有今天的脫胎換骨；記了七支過，我學會怎麼帶學生做人做事；記了七支過，我們兵器連的上上下下情同手足呢！

士官兵觸犯軍紀上的嚴重錯誤，在不違法的範圍內，關禁閉是正常也是合理的，主管頂多刮一頓臉。可是【禁閉室】是人人望而怯步的肉體嚴懲，誰都怕被送進去，關一週好比一年。事情可大可小，師長看到我們基層部隊散漫，要求新兵結訓後，這些人統統送禁閉，嚴施鐵腕，站在部隊長管理的立場而言，這談不上什麼瑕疵。

我一個人擔下來，反對給他們關禁閉，一方面是自己角色扮演的困難，唱黑臉的老連長不管事，唱白臉的輔導長就很難做事。另一方面是從袍澤之情來考量，機會教育還是可以先於軍法從事。過一支一支記，委屈只能往心裡吞，我受了委屈，反而激勵了士氣。一連串出事都是在連長休假，主官不在，應該算我的，推卸是孬種。懲罰的目的是要他們改過，替部屬承當，看似倒大楣，其實正是一個團隊凝聚的開始。

後來，魯將軍來電話，很嚴正地再度告訴我：「該怎麼幹就怎麼幹，不要手軟。」

師長的樣子又回來了——高獷獷的鐵架身，利晃晃的眼刀子，瘦削削的凸顴骨，直耿耿的長手肘。

學生活的趣味

老大辦案

不用告訴我，你是誰？
相信人性善良的那一面，相信寬恕的可歌可泣。

在重慶南路和南海路轉角，還有【民眾活動中心】的年代，各式早餐店很多，我喜歡在進校園之前先在這裡吃早餐。其中有一家豆漿店生意特別好，那家店的燒餅油條很像樣，豆漿能煮出該有的淡淡焦味，但公認最吸引人的是謙恭有禮的老闆。他總站在門口右側，很精準親切地呼出對方的身分，「頭家頭家，來來來。董仔董仔，請坐請坐。」禮貌到家，人又文質彬彬，吃早餐多了一份人情味。

可是當他銳利的雙眼瞪視著我，上下打量後，二話不說：「大仔大仔（老大老大），內底（裡面）坐。」他嘴角淺笑，很自信的反應，並且特別殷勤地拉張椅子讓我坐。店裡男女老少各類人等都很好奇，轉頭爭看，學生們更是目不轉睛睥睨著我。我只是理個三分頭，就成了凶神惡煞，十分苦惱，被禮貌性地稱呼三次「大仔大仔」之後，我就沒在那一帶吃早點了。太禮貌，反而失去了我這位好鄰居、好主顧。人生很不容易。

那一年老夫的綽號叫：「老大」，是建中三十年綽號率最高的一個，還有更慘的「黑道」、「歹看面仔」，至於「進哥」、「阿進兄」是成為半百老翁以後的優惠。連某老校長都「林老大」這麼親切地稱呼我，沒辦法。努力三十餘年，好形象建立不起來。

■

「老師，我的隨身聽被偷了。」

上完體育課後，班上有人掉了很昂貴的隨身聽。他很沮喪也很抱怨。建中為什麼會這樣？他說是阿嬤從美國帶回來給他的生日禮物。那時候【隨身聽】剛問世，是年輕人最時髦的象徵。

根據柯南辦案的手法，老夫做了以下記錄：
一、前後門上鎖，門窗緊閉。
二、其他同學未丟貴重物品。
三、全班未被洗劫。
結論：單純偷竊事件。

教官勘察現場，同學們議論紛紛。班會像批鬥大會，疑內賊所為。沒有目擊者，也沒有任何線索。無蛛絲馬跡，看不出誰涉重嫌。班長十分愧疚，公開表示請辭。

風紀股長嚴厲斥責值日生未留在教室。

班長、風紀要求全班搜查、搜身。我反對。

有人建議針對行為偏差同學查案。我反對。

還有人建議全面查緝，揪出元凶。我反對。

第二天的國文課，我告訴班上同學為人的價值。希望同學歸還隨身聽，放在老夫的辦公桌。但沒有結果。這位同學還沒有準備好，或者根本是外人所為。我這麼想。

■

回到家，我想起自己的童年往事。

小時候，我三星鄉下老家，雙賢村站牌邊，是阿母開的柑仔店。南北什貨雜七雜八什麼都賣，尪仔標、彈珠、陀螺，古早童玩應有盡有，也賣囝仔愛吃的金柑仔糖、金棗蜜餞、鳳梨乾、蝦餅、牛奶糖，就是沒有賣橘紅色的汽水條。每次看到別的同學含著長長的汽水條上學，心裡頭就羨慕得要死，好想吃。

有一天——

在沒有徵得父母的同意下，我打開錢屜，拿了一毛錢。到離家不遠的另一家鋪子，買了一條汽水條，咬開它。

第一次享受偷偷摸摸的滋味。一口一口吸吮，哇！則則則！人間美味，閉著眼，慢慢吸，好銷魂的橘子味汽水條。

媽媽獲得情資，騎著孔明車，沿著碎石路，她單騎馳下，像王朝馬漢衝出衙門拿人，塵土飛揚，載貨的腳踏車笨重老邁，「歪嗯、歪嗯、歪嗯……」很容易辨識。從老遠就聽到老母氣急吁吁的激喘聲。我佇立原地，轉過身，老式的煞車皮，嘎嘎嘎連軋數聲，活像探照燈直射著我，無處可躲，老夫是現行犯。嘴巴含著汽水條，愣在路邊。這是人贓俱獲，罪證確鑿啊！我頭垂了下來，下巴貼到胸骨，一對黑眼眸以最細的眼縫窺視嚴峻的阿母。

母子對看一會兒，等待的巴掌沒有迸落。「撲通撲通」，我心跳失律，心悸慌亂，緊張的形勢不斷升高。喘聲甫定，媽媽一隻手扶車，一隻手從口袋掏錢，給了我金晃晃的五角，說給你買健素糖。

「這個東西不好，所以我們家不賣。」

「來，給我！」阿母嘴角上揚，頭往上，慈祥地微動了一下。

她一手拿銅板，我一手交汽水條。阿母摸摸我的大頭，說緊去學校。

那年我小一，我邊走邊想邊啜泣。我確定自己是小偷，偷一角也是偷。這是我內心的第一個汙點。我清楚。

■

第三天上課，我說了這一段故事，證明老夫也犯過類似的錯。如果真是同學一時好奇，拿走隨身聽，請放在老師抽屜。偷回家是無知，送回來是無畏。但，還是沒有下文。老大我辦案比不上柯南大探長，很懊惱。

第四天早自習，我說真的沒人送回，老師今天就去買隨身聽，送給失竊的同學。受害者同學站起來講話，說找不到就算了，老師千萬不要買，這是我自己的疏忽，是我不對。老師不要啦！

下午五點半，辦公室空無一人，工友阿猜要回家了，依然沒有下文。晚上我到知名家電，買了一臺一模一樣的隨身聽，六千元有找。自己無能。

第五天一早，亮出隨身聽，當著全班面前說：

「今天放學前，有人送回，它是我的。沒人送回，它是〇〇〇的。」

全班寂然無聲，走下講臺，那一步竟然如震天如撼地，同學們眼神全呆了。我已經有點沮喪，心想機會十分渺茫，我把事搞砸了，愈弄愈大。

週一一大早，我拉開從不上鎖的抽屜，一架隨身聽赫然出現在眼前，白色真的很搶眼。我拿著兩個隨身聽，興奮地告訴全班。這一個是〇〇〇的，這一個是老師的。記住這一刻，我們給他最熱烈的掌聲。

……

我一直不曉得這位同學是誰，也沒追查。十幾年過去，我仍然不知道他是誰？是誰不重要——他有了同學給的力量，他有了自己給的新生。

不用告訴我，你是誰。我相信人性善良的那一面，相信寬恕的可歌可泣。

謝謝這位同學。

謝謝我的老母。
還有汽水條。

（本文發表於《幼獅文藝》七三五期，二〇一五年三月號）

一叟小語

教育有很多種藥方子，孟子曰：「君子之所以教者五：有如時雨化之者，有成德者，有達財者，有答問者，有私淑艾者。此五者，君子之所以教也。」時代不一樣，方法種類更是多元多樣，只要是從人性出發，只要是止於至善，都是好方法，有用就需要，需要就有用。

從教育的大方向看，在私德有虧的劣行中，校規昭昭，條文明白，照章處理，是一條簡便的路。現在流行學務、教務、輔導三合一，大步向前走立意良善的銷過辦法，是不是讓學生在行為的覺醒中徹底改過遷善，考驗著教官、導師、輔導老師的共同智慧。記的過銷了，愛校服務了，然後呢？教育的過程和結果，都不是省油的燈。「過惡」與「隱惡」之間，如果目的都是揚善，抓準順時守中、因勢利導、唯變所適，就變得很重要了。

教育是緩化的過程，「緩」是功夫，「緩」需要耐心，「緩」更需要智慧，好比釀醬油一樣，得要慢慢來，好醬油要有完整的發酵過程。要把人當好人來對待，不要急著把人當壞人來檢視，這是教育本質的認知核心。如果每個人都有自我救贖的潛在本能，我們要如何讓教育真正發揮春風化雨的大能呢？

牽手

謝老師，我很想知道，
當年是我牽了你的手，還是你牽了我的手……

老夫的姻緣，靠一場筆災贏取，這時候要說因災得福。就當作千里姻緣一線牽吧，這個版本才比較不會惹事。但背後有一段荒唐隨便的不良習性，必須說給後輩晚生聽。看倌們！該說的話不能省，不該說的話千萬不要膨風。老夫愛說話、瞎吹胡扯，自己把自己的汽球，搞大了。

前些個日子，我家大內高手老婆大人的師專同學來訪，一群不算老的老女人兜在一起，天南地北，話題勁爆火辣，火勢很快就燒到老夫身上，她們對我們這一對完全不同世界的老夫老婦很感興趣。老了愛說笑，這一段天上掉下來的姻緣，回憶很苦，記憶很傷，失憶沒人同情會更慘，說吧！

老夫預官沒退伍就跟牽手文定，所有的朋友全不相信，這個故事有點荒涼也有點淒涼，您得添衣才不會畏寒。那一年老夫官拜少尉，兵器連輔導長，滿作威作福的。頭戴綠帽，身披野戰服，看著班長、排長吆喝著大頭兵雄壯威武。

【風雲起，山河動，黃埔建軍聲勢雄，革命壯士矢精忠。金戈鐵馬，百戰沙場，安內攘外作先鋒，縱橫沙場……】是每天早上的黑咖啡，聽完精神就來了。

【我愛中華，我愛中華，文化悠久，物博地大。開國五千年，五族共一家，中華兒女最偉大。為民族，為國家……】是每天晚上的催眠曲，唱完眼神就餒了。

數饅頭的日子，很容易麻醉，也無聊得很，慌極。這種「革命軍人」一成不變的歲月，養尊處優，官位不大，官威不小，最容易腐敗。

■

人生的大起大落，往往緣於小事的因緣際會。人生的悲歡離合，全不是照著人生的章法走。不要不信邪，一失足就是千古……嗯一大步。事情總是從有一天開始的。有一天……

有一天，不知是為了啥事，老夫給我表姊寫了一封信。表姊家當時算清苦，出身寒微，立志當小學老師。當時寫了兩行字，要說的話寫完了，雖然交代完畢，但這麼短像話嗎？我堂堂中文系出身，經史子集書皮兒看過不少，怎麼可以區區兩行就草草封書，這頗有愧於屋漏，也對不起往聖前賢、諸子百家。不曉得哪根筋打結了，就為了一紙八行書不要太寒酸，便隨筆瞎扯，請表姊介紹個氣質高雅、賢淑文靜的同事給我認識認識。我洋洋灑灑，纚纚如貫珠，像個飽讀詩書的文人。

我繼續幹我的軍旅生涯，一年十個月的充員仔兵。沒想到小學老師都一絲不苟，受人之託，忠人之事。

■

「阿明，就定在你放假的那一天晚上，好不好？」

「哦哦……」

「那一張我們全校合照的照片，她叫謝老師，是左邊數過來第三排第六個。」

「哦哦……」

時間：六十八年七月某日晚上　夭爸洞洞

地點：臺北市重慶南路一段【美加美西餐廳】（現在沒了）

人數：三大一小

我在六樓的西餐廳，等了一個半小時，未見芳蹤。那個年代沒有手機這等寶貝，心想一場驚魂將定。沒想到世事難料，表姊帶著後來睡在我身邊三十餘年的女生，上樓了。抱著表姊胖嘟嘟小女孩的她，形象好，香汗淋漓。第一眼瞅她，真的是善良賢德，個兒稍小。晚餐很快就吃完了，結束後，老夫如釋重負。交換電話，準備回家。

沒想到吃完豐盛的西餐，事情還沒了，我那位可愛、可親、可敬、可佩的表姊老師繼續出招！親情骨肉全不當一回事，她倒很關心她的同事關係。下樓的轉角，她輕聲細語跟我咬耳朵，十足媒人婆的模樣。

「不管喜不喜歡，你一定要再請她一次，這是禮貌。」

「這我知道，這我知道……我會的我會的。」

■

為了天上掉下來的第二次天災，我標會，埋單。那年西門町有一家【神仙窩西餐廳】，她指定這一家。一上樓，氣氛好到不行，直覺太浪漫，尾大不掉，我心知不妙，這齣戲愈演愈烈。第二次認真看她，她長得溫順，又有點可愛，膚如凝脂，我好像快暈船了。這一盤棋要小心下，回家得要好好沙盤推演推演。

■

又過了一段「一二一」、「唱歌答數」的帶兵歲月，那個年代新訓中心，假很少。執干戈以衛社稷，難得放假，很久沒回宜蘭省親。這次應該先緩一緩，【事緩則圓】，老祖宗說得對極。放三天的梯次假，我打算直奔臺北，再搭金馬號回老家。換便服下山，走出觀光基地，「成功嶺」紅咚咚三個大字，好抖擻。

演練多次，將心一橫，在電話這一頭，老夫從容不迫地吐出紳士之計。

「這一次假期，不能請您吃飯，我要回宜蘭老家呢！以後有機會約我表姊一塊兒，再請您賞光！」

「沒關係，」聽她這麼一說，忽然覺得良心不安。

「沒關係，我可以一起去啊！」怎會這樣？

我心一怔。怎辦？飛蛾敢撲火，誰怕誰！此時說不，可不像個男子漢。

「真的喔！那太好了，我在臺北車站等您囉。」這是我說的人話，心一橫，大丈夫必須付出的代價。

■

像古代的君子人，返鄉離鄉，我都把她保護得很好。封閉的鄉村，像桃花源一樣，發現一個陌生的女子。庄腳小所在（鄉下地方），只要生人入境，很快就傳遍鄰里村墟。連野貓野狗都知道老夫帶了一位戴眼鏡的女生回家，顯然這是一件大事，只是老夫反應遲鈍，不當回事。不但帶回家，居然又過夜，在村子人的眼裡，這就是認了人家。

我回我的部隊，她當她的老師，日子過得與以前一般無二。有一天，我從臺中成功嶺打電話向先父問安，沒想到老爸一本正經地說：

「下次回來，該給人家提親。」我的天啊！蝦米？

「我們才見幾次面，笑死人了。阿爸，我們什麼事都沒有發生咧。」

「發生就來不及了，我們要給人家交代！厝邊頭尾大家都看到了，別讓人講閒仔話！」

「妹妹她睡中間，我們名節守兩邊呢。」

「睏落去，就沒法度啊啦！人家會笑啦！」

■

【成功嶺】這名字很糟糕，做什麼事都很成功。我故作鎮定打個電話給謝老師，請她幫忙緩頰，結婚乃人生一大事，豈可兒戲，這種事怎能被出賣？

「我爸笑死人，說要我表姊，準備去跟你提親……阿爸鄉下人不文明，別跟他們一般見識。謝謝你陪我回宜蘭老家，家人不會招待……下次放假還要再等很久，那以後再見了……」

「你已經牽了我的手，難道可以這樣就算了嗎……伯父打過電話給我，我說餅一八五個，掬水軒就好……」

大地一聲雷，晴天霹靂響，震耳欲聾，我的媽呀。

天啊！真是天賜良緣。我上輩子一定是燒了好香……就這樣，我成了一個女人的丈夫。沒談過戀愛……的確有牽手，這一點我承認；但到底是誰牽誰的手？老夫可想了三十幾年，想著想著想不到真正的答案。後來就慢慢老了，老了就忘了該繼續想這件婚姻大事。

小孫女出生的那一夜，喜上心頭，心血來潮，我問了她放在老夫心裡頭三十幾年的懸案。

「謝老師，我很想知道，當年是我牽了你的手，還是你牽了我的手……」

「煩耶，我忘記了啦，我不知道啦，三更半夜的……無聊……」

賢淑溫良的牽手轉過身去，很快就打呼了，我猛然發現——

枕邊躺著一個叫做阿嬤的女人，她是天上掉下來的家後。

✣一叟小語

筆災事件得到一個教訓：信不能亂寫，話不能亂說，說了，一句駟馬難追，就要算數；手不能亂牽，牽了，一線就是千里，牢牢套住。但是看對眼的，見好就要牽，幸福掌握在自己手裡；當然上蒼冥冥中的美麗安排也不必逃遁，天意是最上乘的媒合。緣定三生，乾坤定矣，就要好好珍惜。

那位臨事縮慴，躺在老夫身邊三十多年的女人，一向膽小如鼠。我這條叱吒風雲見過大風大浪的鐵漢，一直膽大包天。不要太相信自己，命乎？運乎？膽兒大的都輸她膽兒小的，小蝦米總是吞下大鯊魚。糊塗一世的勝過聰明一生的，難得精明一回就豬羊變色了。

兩行字篇幅是寫少了一些。多寫多錯，少寫少錯。一輩子恩典都是她一句話！不說沒錯，說了全對。「你已經牽了我的手，難道可以這樣就算了嗎……」我建中一叟，是個很土的小糟老頭兒，肯定是末代媒妁之言的男人，好不害臊說了這一段冏事，沒有絢麗的愛情，卻也平平淡淡地走上白頭之路。原來，幸福不需要花俏，也沒有規定要驚天動地，尋常人家有的我們都有，那就是福氣了。相敬如賓，是最美麗的距離，以真誠的心執子之手，就能順利平安的白頭到老，只要相知相惜，媒妁之言並不丟臉。

回家

媽媽知道我們要回家，她從容淡定，
嚴峻地催我們回家。

【一】老了好想回家

回家，並不容易。

開學前在建中資源大樓五樓開校務會議，不覺然乍見【夢紅樓】，樓卻驚我一夢，咫尺之遙，竟是我到不了的幽境。紅樓小才子們記不記得？【夢紅樓】，它是蔡校長任內，開放全校師生命名的新廈。

記得，蔡校長在開放命名活動之前，先暖暖身。舉了一個「更上一層樓」的巧妙樓名，引起動機。說巧不巧，第二天下午，我回宜蘭演講，一到中華國中，順著一排木棉花看過去——【更上一層樓】，赫然矗立眼前。雖然只有兩層樓，意思到了，極富雅趣。

幾年前銜家鄉父老之命，為母校新大樓命名。半年後，三星國中幾棟新大樓的名字孵出來了。書法家的字寫得漂亮，誰命名就沒那麼重要了。回家，總是像蜻蜓點水，一天半天，東看看西瞧瞧，轉一轉，過了癮就又走了。我不是經常回家的人，浪子的跫音卻始終沒有停過。

■

五十歲那一年，我高高興興的回家，竟然跌跌撞撞地遺失了家鄉，這幾十年浪跡天涯，沒常常跟家鄉握手，太粗心了。那一年老夫足足五十歲，領到半百老翁的證照。到礁溪演講的前一晚，我潛回三星老宅，給老母摸摸頭，在灶邊聽她說話，順便偷撫她的手。吃她的燙青菜大餐，當然，還會有一隻冤枉死的土雞。那一年同學生意失敗，背著巨債，提著舊皮箱返鄉，一無所有，這一夜我該去看他。

約莫晚上八點。我走在田埂上，那是我熟悉的田岸路。插秧、搼草、刈稻、牧牛、抓泥鰍、玩泥巴……一幕幕的童年往事，場景又快又準的浮現在眼前。一樣石頭砌的短牆，三面叢集的竹仔林，阿水的家到了。一條土狗死命地吠，該就寢的雞姑娘們全騷動了起來。獨宅獨院，稻埕中間凸起，那是我學孔明車摔最多次的地方。

昏黃的燈光，微弱斜影。一個跟我十六、七歲時一般模樣，還穿著制服的年輕人從客廳走了出來，不可思議的從容，影子拖得很長。天黑，背光，他也是一團黑。一個在石牆外，一個在稻埕中，我沒走入柴門，黑是天然的隔閡，他沒請我客廳坐，這是最陌生的接待。他是阿水的兒子嗎？

「請問您找誰？」字正腔圓，想以京片子嚇我。

「我找你老爸。」老夫以閩南話回他，回到鄉下，我很快恢復成庄腳郎（鄉下人）。

「請問您貴姓？」他嚴加拷問。
「敝姓林。」
「大名呢？」
「我找你老爸。」老夫不想回了。
「對不起，家父不在。」家父不在……給我來這套。
「那你家母在不在？」啊！話才一出口就知道完了……
「對不起，家母是我說的！」他沒放過我，只是不小心說錯，他也那麼認真。
兩個人槓在那裡，月光照不出羞顏，他不知道我很難堪。幸虧他不識老夫是教書匠，好佳哉。不然，為了校譽真不知要怎麼應變？說成北一女老師行嗎？那是夭壽代誌。
「您方便留個電話嗎？」
「……」我來不及答腔。
「或者請您直接打手機給我爸，他去臺北了。」
「謝謝！」我說。

「再見。」他說。

那一線長長的影子，又縮進他家客廳。我的家鄉淪陷了，我的家鄉被這兔崽子佔領了，我踉踉蹌蹌沿著田間小道馳回。心很慌亂。好幾次差點踩空了，滑進水田裡。

■

四、五十年前，方圓三公里的【雙賢村】，沒有人不認識我的。阿母開柑仔店，國、高中後，我放學第一件事，就是送貨。那個時候啊！哪一戶人家有多少人？養多少條豬？哪一戶人家的貓咪跟哪一家的貓咪談戀愛，我都清楚。

猛然，我才讀懂賀知章的〈回鄉偶書〉：

少小離家老大回，鄉音無改鬢毛衰。

兒童相見不相識，笑問客從何處來？

賀知章老先生當年衣錦辭官，心裡的想頭跟我不同。他碰到的是毛頭小子，跟我碰到的大哥哥也不一樣。孺童天真可愛，賀老先生他可能有所感慨。頂多是捋著鬍子想：「唉呀！歲月如流水。」老夫碰到的卻是準知識分子……

「您貴姓？」「敝姓林。」

「大名？」「……」

「家父不在。」「那你家母在不在？」

「家母是我說的……」我搶人家的娘。

「謝謝。」「再見。」

「那你家母在不在？」「家母是我說的……」老夫備感羞愧，真對不起建中。

故鄉變他鄉，異鄉變家鄉。

我還想蓋個茅屋，養幾隻雞，幾隻鵝，看晨曦，沐夕陽。過一個「三星山前白鷺飛，桃花流水鱖魚肥」的漁隱晚年。還想「雖無刎頸交，卻有忘機友」的夢，這些全碎了。比老夫老的都走了，跟我一樣的都在他鄉。小土匪把我的老人夢毀得一乾二淨。

怪自己，我把家鄉搞丟了……回家，怕是不容易了。

【二】老學生看我回家

老弟當阿公了，這是大事。我得來回老家一趟。「雪隧，咱們走！」有老弟可以靠，這一次老夫要放膽回家。衣錦從霓虹燈走來，我要做個疏狂的過客。老夫要遊子去、遊子回，剛剛毅毅走一回。

幾畦白蘿蔔露出了初結的身形。如玉的白，在綠傘下冉冉竄出。麻子臉刈菜，青菜蟲熱愛過，有機在高歌。挺立的三星蔥，翡翠染身、漢白玉般修長的蔥腿，新貴崢嶸。火雞連珠炮，土喙灰鵝，左搖右擺慌著走。大稻埕的土雞，抬頭目凝悚，驚足聲迎啊迓啊。

農田換成梨園，三星上將梨，星光閃閃，不如我的是不知自己是流浪的水果。溫帶是你的原鄉，我清楚知道，這裡是我的家。

■

這一次還要見見隱於三星鄉大隱村的建中老學生，頭戴烏角巾，潛遯於安農溪畔。我離開我的村墟到臺北，我的學生拋卻繁華，倒頭來一身田園，他詭稱做我的替身，暗裡想去，他也是佔領我家鄉的元凶之一。

老學生熱呵呵擁抱我，慣看秋月春風，他是新熟的鄉下人。他垂髫的稚子，在屋簷邊自在遊戲；眼前是庭除喈喈，黃雀一聲嘲一聲唽，沿著野薑花道，悠悠馴食；冬天的溪水落剩半尺，魚池野航，浣女夕照，三三五五笑歸語。安農溪水影清澈，成行的白鴨斜斜划游，一簇一簇的翠竹山村，十足的倦鳥遲遲慢飛。這是蘭陽平原熟悉的畫面，這些曾經都是我們牧童才有的世界，現在拱手讓人了。

他說三年紅樓歲月；一瓶紅露酒，兩串番麥，半盅滿足。
我喝半生南海風光；三星處女地，百般叮嚀，千萬心情。

霪雨綿邈，冬霧彌山，相送柴門，月色如昔。老學生於斯開了新疆，老家我又丟了一把泥土。

「大隱村交給你了，現代隱士……」這個村子開始陌生了。

清清喉嚨，老夫得這麼說：「這一次冬歸，有幾分英烈。天縱偉才，我克服了膽怯。」還是承認好了，今晚我將無眠。

【三】媽媽催我們回家

〈心肝寶貝〉隨身聽，催我們回家。雨大，我要趕快回家，回家看阿母。

月娘光光掛天頂／嫦娥置那住／你是阮的掌上明珠／抱著金金看

看你度晬／看你收涎／看你底學行

看你會走／看你出世／相片一大卡

阿母知道我們要回家，她會放下工作，專心等我們回家。我趕著大伙兒趕快回家，回三星老家，葛瑪蘭載我們一起回家。我撢一撢臺北的晶亮，一把憨樸的宜蘭腔，先跨入家門。斗笠下深邃的黑面，遮掩了阿母溝深的皺紋，老得很黑。

■

我那淘氣的老妹，為了逗阿母笑，拿我窮開心。

妹妹說：阿母啊！聽說你真會教子，教到做老師呢！

阿母說：哪有？恁哥哥足孽耶（很淘氣）喔！毋（不）通講出去。

妹妹說：阿母啊！恁三個子，比阮的三個子較（卡）乖喔！

阿母說：攏同款啦！想起古早恁阿兄伊做囝耶時陣……

妹妹說：模範母親啊，講一些教子的撇步吧！

店仔珠——我的阿母，欲言又止，神祕竊笑。

伊喔，細漢時有夠牛頭癱。愛玩，一出門就昧記返來（忘記回來）；叫伊顧店仔，伊走去放風吹；叫伊擔肥，伊走去抓泥鰍；叫伊煮冬瓜茶，伊顧甲鼎焦去（鍋子燒焦）；叫伊送貨載汽水，伊不擔輸贏，駛甲跋落圳溝；叫伊不能搶秤頭，一分就是一分，一鳌就是一鳌。伊一粒鴨母蛋，給人加算一角銀，看有多見笑……。我若要修理伊，伊喔，就走予（互）我逐，又多雷米做肖鬼仔臉，氣死人，給我走田岸路，毋就跳到田中央，你看伊多會跑……

我說：若沒你按呢教示（教訓），我哪有可能變做賽跑選手！

媳婦說：阿母，你寶貝仔子真歹伺候呢！

媳婦說：阿母，你看要按怎制治恁子呢？

阿母說：

沒法度啦，嫁雞隨雞，嫁鴨隨鴨。古早就這樣了。厝內講講耶，嘜傳出去，總統若知影，伊會被辭頭路。嘿足牛耶啦！足歹教示耶啦！恁攏不知啦……。那個時陣我天天甲伊打，想講我阿珠哪會這歹命！子兒是咱心肝頭一塊肉。教不來嘜按怎？只有哭……。無打無艱苦，愈打愈怨妒，只有恬恬偷偷仔哭啊……，咱打伊，伊喔！一滴目屎都不肯流。咱甲打，伊喔！一聲「不敢」都不肯喊。咱一把秀梳仔都打甲斷，伊攏未痛。打完了後，哭的猶原是做老母的咱。嘿喔！歸身軀都是傷痕，打未驚啦！嘿喔！舊傷未除，新傷不斷啦，講未聽啦！講到阿明，做囝仔，真是無藥可醫啦！有時陣啊，想講甲伊剁剁耶給豬母吃……

立在一旁，聽老母算我的帳，很認真的回到從前。還有很多更孽的歷史公案，阿母裝傻並沒有掀開。

■

妹妹說：阿兄，紅包緊傳過來啦，沒生目睭喔……

妹妹說：花得要插在頭前，才不會死得那麼難看！

阿母說：無啦！無啦！不是按呢啦！我不要恁的錢……

妹妹說：阿嫂，你嫁不對人了。你也沒生目睭啊……

妹妹說：阿嫂，我代表我老爸老母甲恁會失禮啦……

阿母說：今嘛不會了！今嘛不會了！毋通按呢講，毋通……

阿母說：今嘛真有孝啦！厝邊頭尾攏謳樂有著。真有孝……

媳婦說：阿母，子教無好就甲伊娶某，會害死人呢！

媳婦使個眼色說：做人的小姑的，也應該有正義感才對啊！

媳婦笑紋紋地說：阿母，你一定合八字後，看我真好治，對麼？

阿母說：

今嘛不會了，今嘛不會了。嫁給咱阿明喔，是你抾（拾）到的啦……嫁得好啦……。娶到咱阿卿喔，是祖先有靈聖啦……娶得巧啦……

■

父逝近十年，阿母很久沒講過這麼多話。今天阿母的跛腳真俐落，沒跛那麼厲害了。

一桌五、六盤的青菜，都是阿母的私房菜，炒的只有蒜頭爆香，川燙的只蘸醬油。一掃而光，阿母最歡喜。

阿母望著牆上的老時鐘說：

緊返去臺北，過兩點，雪隧就塞車了，緊返去……——黑鬼仔菜、茄啦、金瓜、蔥仔……緊款款耶……到手香記得帶，小茴香炒鹽喔，還有鐵指甲……

車子起動，我們揮揮手，阿母頻頻點頭，心頭不安，轉身急入屋，旋又一跛一跛跑出，遞上一個瓠仔。「猶閣有，這粒這粒，等耶等耶，阿明……阿明……」

■

阿母焦急地說：「要返臺北，腳手要恰緊耶，嘜按呢趖……」從容淡定，她嚴峻地催我們回家。東瞧瞧我西望望，忍把舊物且看盡，記憶老家屢屢回首。我吸一吸蘭陽的淡泊，一口剛毅的宜蘭味，我帶回臺北。龜山島最後一眼昂首，雪隧漆黑了，臺北的路黑了下來。

〈搖嬰仔歌〉唱在雪隧內，催我們回家。雨大，我要常常回家，回家看阿母。

嬰仔嬰嬰睏／一暝大一吋／嬰仔嬰嬰惜／一暝大一尺／搖子日落山／抱子

金金看

子是我心肝／驚伊受風寒……………

✣一叟小語

對華夏民族而言，家是個大天地，她是最大的包圍，跑得再遠，誰都得是她的俘虜；家也是個小宇宙，她是心靈最小的聚落，住得再苦，誰都得是她的子民。

家，是最初的濫觴，誰都聽得懂她涓涓的呼喚；家，是最深的底蘊，誰都讀得懂她摯愛的風華；家也是最濃的思念，誰都聽得出她殷殷的古意。

家是吸引力的源頭，任你是江，滾滾東逝水，流不盡你的懸念；任你是河，濁濁黃流沙，褪不去你的印記；任你是溪，潺潺清涼音，唱不斷你的相思情。

所以，回家是旅人幾千年來共同的課題。一旦離了家，就有一絲母線在牽引著你。不管你走到天涯海角，每個浪子都跟著家的節奏走：因此，也許你走遠了，其實並不遠，循著腳印就是回家的路；也許你走累了，其實並不累，翹首望月就是回家的心；也許你走老了，其實並不老，回首來時就是最初的始生。

家，火紅紅、熱熾熾、滾燙燙，是萬千遊子心底的岩漿。只要點一把依戀，家就是不滅的火種。想家並不丟臉，敢呼喊，流浪者就找得到救贖。江山三千里，鄉關指顧間。只要有家可以想，睡不好就回家；只要有人可以哭，忍不了就回家；得什麼功名不打緊，家是初始的依靠，不行就回家。

風吹，葉子落了，一聲鏗鏘，回家。

老師，那件事是我幹的

邱仔拉開嗓門嘶吼：

「那些樹都是我弄死的，我故意弄死的……」

沒放假的教師節活動提早來臨。老學生前幾天就約吃飯、聚會，一攤接一攤，忙得很開心。今天陸陸續續又來了一批，有一票殺到教室來的、有三三兩兩、也有單槍匹馬的，最讓我吃驚的是，最文靜的「黑豆仔」宣布了一件駭人聽聞的大事。

「老師，當年從莊敬樓頂樓放下長軸白色抗議布條，那是我幹的！」

同學笑成一團……

天啊，我的情報系統，原來是個空殼子。怎麼會是他呢？怎麼會是他呢？

「應該有共犯，一對呢！還有誰？」老夫說。

「老師——，老師不要問啦！我們記性很差，都忘了。」

「不知道比知道好啦！」

「黑豆仔是壞學生啦，不要理他啦。」

既然相約不說，就不要問了。很多事不知道真的比知道好。不要強人所難，我學生時代幹過的壞事，又何嘗說過？今天教師節，寫給天上的老師看，希望老師能安心了。老師走的時候，大家都說很安詳，我總覺得他死不瞑目呢？黑豆仔講出來後，好像很痛快的樣子。我一直沒說，所以老師遺容好像很痛心，在天上應該不用睡覺，擇期不如撞期，今晚我招了。看的人自己負責。你明天以後問我，我抵死不承認。

■

老師，那件事是我幹的。

國二下的暑假，我家裡刈（割）稻、曬穀子，忙得很。明天要交的柳公權臨帖十張，我一個字也沒碰。《兒女英雄傳》的長篇小說，也還沒看完，要抽背的陶潛〈閒情賦〉，背都沒背上一句。這一個禮拜指定的功課一樣都沒搞定，一定慘。

「林差勁先生，你是故意的喔？不寫，你帶種。」

「……」

講跟不講都是打，我選擇緘默，頭仰著天，很好漢！從小，我就知道威武不能屈，要賠上一頓毒打。爸爸說這才是男人嘛！我寧願挨揍也不說，這是最好的抵抗和反擊。我愈不說，他打得愈帶勁兒，打得愈凶，老師愈氣。做學生最悲哀的快樂，是痛在我身，也痛在老師心上。

老師打人的籐條是我做的，很粗很有彈性。我的處境很荒謬，和商鞅的下場很像。

抽了三下，老師沒佔我便宜，一項功課，抽一下。

——合情合理——

老師的火眼發火，我的屁股發燒——發燙——發紅。區區三下，差點暈了過去，很有新加坡鞭刑的味道。牙風往牙根裡吸，然後兩腿自然夾緊，接著嘴嚱、吐氣。深山道士的吐納大法神功，老夫早就深厚得很。但還是很痛，所以我老早就發現，吐納只能氣定神閒，絲毫不能緩解痛楚的難受，神功跟挨揍是兩碼事。

幸虧狐群狗黨們都很佩服，這一頓討打還是值得的。老師遞給我【南僑水晶肥皀】，他說可以消腫，我知道怎麼善後。沾水輕輕在患處搓摩，約莫三分鐘，不多也不少。雖然吱吱刺痛，一個小時後漸漸消腫，疼痛會緩解。【南僑水晶肥皀】是野生籐條的最佳剋星。老師常說一物剋一物，真是一點兒也沒錯。痛還是很痛，可以想像屁股有兩片膨膨的紅麵龜，它一直不停往外脹—脹—脹。

歷史課本都說暴政必亡，連秦始皇都會垮臺，可是我們「可恨的」老師，愈來愈銳不可擋。大家都氣得牙癢癢的，就是沒有人敢起義抗暴，就是像那個陳勝吳廣啦、孫中山黃花崗烈士啦……。他一點都沒有走下坡的樣子，可見歷史也不可信。

盡信書不如無書，老夫決定幹一場大的，很大的那一種。就算失風也雖敗猶榮，偶爾做荊軻也不錯。

老師在臺大是讀森林系的，卻安排來教我們國文，沒想到還教得挺好，雖然氣他，上課倒是都聽進去了。人家教得好，可以不肯鼓掌，但不可以汙蔑人家，做人要公道。

他種他的實驗林，我們倒像替秦始皇築長城的征夫，很可憐很可憐，很悲慘很悲慘。

暑假是我們最黯然神傷的歲月，他免費給大家上古文觀止，教書法，然後我們到他家種樹、拔草。那年暑假，記得前兩個禮拜種的桑樹，死了十二棵，都是我幹的。當時只是〈祭十二郎文〉背得不夠流利，就挨一頓毒打。哈哈，代價是陣亡十二株樹，老師得不償失，他不會做生意。而且好像也不太懂人性，以為學生都是龜孫子，不敢反抗。他一定不太讀荊軻、望諸君樂毅啊、屠狗的高漸離啦……我隨便數都有十來個，自古燕趙多豪傑，我看他是更不懂了。

今天老師再給我們教一遍，怎麼培土，怎麼插枝啦，澆水啦……我刻意在老師面前裝著一副很懺悔的模樣，同時噴出很贖罪的眼神。拔草、一鏟一鏟的挖土、很標準的做插枝的動作，汗流得很多。老師忘了剛剛的國仇家恨，還讚美我半天，說我不愧是農家子弟，還說我將來是種田的料子。但那時沒有打算原諒他對我的暴行。

我趁著上廁所的時候，悄悄地繞到前兩禮拜的桑樹區。還是把桑樹枝全面襲殺。手法十分高妙，而且十分簡單。我快速跑過去，把剛發芽的桑樹枝都往上提一吋。一分鐘不到，拍拍手料理完畢。神不知鬼不覺。

一個禮拜後，樹全死了，連後來補種的也無一倖免。表面上大家同仇敵愾，表情哀戚，內心都很微妙。

老師冷眉一橫，對天長嘯。

「是誰幹的？」老師咆哮。

「是誰幹的？」我們顫抖。

「是誰幹的？」天打雷劈似的。

…………

熊掌虎視眈眈。我招是不招？屁股自然繃緊，新傷舊痕在撕裂，正在猶豫間，沒想到剛剛跟老師起衝突的「邱罔舍」說話了。

「我們不是來做苦工的……」

「你說什麼……說什麼……」

「要做這種事，我們家有很多可以做！」

「你根本是流氓！」老師說對了，他爸爸真的是流氓。

老師追打，邱仔跑給老師追，大家愣在一旁，老師的樹林仔成了戰場。

「×××」『天地君親師』氣得罵人。

「×××」『流氓小子』飆三字經。

邱仔拉開嗓門嘶吼：「那些樹都是我弄死的，我故意弄死的……」

邱仔翻短牆跑了，腳踏車騎得飛快。開學以後，邱仔就沒來學校，不讀了。

沒想到，我的英雄夢霎時粉碎。我很不開心，悶在心裡一直沒講。他當替死鬼，也當了英雄，原來英雄都是替死鬼變的。課本都不願意這樣說，老師也沒有膽子這樣講，可是明明就是這樣。這不重要，我冒險犯難，功勞被人家強走。啞巴壓死子，又講不出來。也不能講。唉呀……

■

老師走的時候，我們都已步入中老年，邱罔舍哭得最悽慘。

出殯那一天，「邱仔」在瞻仰遺容後，很感性地說：

「老師一定氣我不成材，眼睛都閉不上。」

他非常懺悔，一直搖頭。很對不起老師的樣子。我無地自容，我知道是我幹的好事。

一目未瞑，是我害的。這個千古疑案，我認了，老師。

四十五年後，不用協商，我認罪。

「老師，那件事是我幹的。我只有幹過那件壞事！」

■

每次在宜蘭老家開同學會，對於老師寒假暑假每個禮拜一到他家的「返校日」，大家都熱哄哄說個沒完，心裡頭都很感佩。私房功課規定一大堆，要寫毛筆字，大楷小楷都來；古典小說一本接著一本；古文一課背過一課；屁股一個打過一個。

現在想起來，我們都好敬愛他。

■

走廊上的老學生，忘記了年代，扯蛋扯個沒完。

「老師，跟你講，那一次我也有份！」

「真的假的？」

他會，大家不就都會了？他丟白布條也是反抗暴政嗎？跟一群四十幾歲的建中

老學生談做壞事的經驗。老夫算小咖的。

老師，對不起，我一直是好孩子，但也曾做過壞事，偷偷使過壞胚子……

✣一叟小語

教了三十幾年的書，沒離開崗位，我樂此不疲，會教到不能教，或套一句同事朱老師的豪語──【教到倒下為止】，我沒有這麼偉大，也不是掛著「教育熱誠」的招牌做標榜，老夫就喜歡教書。當學生的時候，下課總是在黑板上塗鴉，喜歡拿粉筆的感覺。

教書讓我很愉悅，不是我很會教書，是因為學生時代，我是調皮搗蛋的【壞】學生，專門對付校規、對付老師的異議份子。學生幹過的、想幹的、還沒有幹過的壞事，老夫全幹過了。功課好的不好的，老夫都有一套，將心比心，站在學生立場帶學生，沒有搞不定的。所以我有耐心帶學生，也很愛帶學生，閉著眼睛就知道，哪個學生下一步要幹啥！哪有調皮的學生不對付老師的，學生不是老師的仇家，也不是老師的敵人。把學生當大人來尊重，把自己當成學生來思考，就會當老師了。

動員勘亂時期學校的管與教，有很多過當嚴厲之處，青春期危險期的叛逆與挑釁，有很多過度解讀之處，老師和學生一直都是師友之間。這樣子想，很多故事都是美麗的回憶，也都會是感人的故事。教書真好！

學生命的價值

一個建中的夜晚

誰知道，事情還沒了！

晴天霹靂，第四年，〈一個建中的夜晚〉又來了。

有一年建中紅樓文學獎小說類第一名，適巧是我班上的學生。很多人說他非常狂！我替他辯護，和其他的師長看法不同。現在想起來，我們竟然都錯了。他都不是我們想的那樣子。

紅樓文學獎得首獎，當然是學生自己的才氣，我一點也幫不上忙！這位才子是其中的一位，他讓老夫一生印象深刻，師長一直認為他太狂了。

我私下知道他十分封閉，甚至近乎自閉。那篇截然不同的佳構，就是他的心路歷程。因為習性跟別人不同，就是最特殊的創意。我一直這樣主張，以為這是最了解的說法。

三年前，我在馬路上和他巧遇，相見甚歡。我們師徒倆喝起咖啡，午後卡布奇諾得很。為了這重度浪漫，我收起一飲而盡的習慣。

他告訴我所不知道的兩個重點：「高中三年我看完全本《史記三家注》，大學我讀完《資治通鑑》原文。」老夫我，肅然起敬；他不狂妄，是狂熱。他從歷史看天下，那一篇〈失去題目的記憶〉，以意識流的手法，給建中好好洗了一次臉，贏得決審教授、專家很高的評價。

他有很高的高度，歷史在他的腳下。這樣的紅樓才子，我陸陸續續碰過。真是這樣，不是他狂，是我們低了。

方。

■

【建中第〇屆紅樓文學獎頒獎典禮】——紅色布條橫掛會場，簡單、氣派、大方。

紅樓二樓會議室，小提琴音優雅回響，一群弦樂社的音樂素人，撐出紅樓的雅樂。得獎者入座，家長們來了，師長們來了，記者群來了，校長引導評審委員入座，行禮如儀。文藝春秋，十分文壇。

小說組——第一名……

現在請發表感言。每人一分鐘。

〈失去題目的回憶〉的〇〇〇同學：

他有深度近視，走路又不習慣看路。不小心一踢，立著的麥克風倒下。全場叱吒，然後自然而然的鴉雀無聲。

他只說了兩句話──

「我覺得寫小說太容易了！」

首獎的嘴巴也是兩層皮，此刻場子是他的，怎麼說都怎麼有理。

「但是你書要肯讀、腦子要敢想、手腳要下得深。謝謝大家。」

「狂！」所有師長的眼神都這麼看。狂得有霸氣。

扶扶眼鏡，看得出他下臺很小心，走著走著又一踢。好不容易扶正的麥克風又倒下，叱吒全場。幾個笑聲開了頭，會場熱鬧了起來。

小說寫得那麼長，話講得那麼短。他是我的學生，習性跟我全相反。話少，卻讓臺下的評審大吃一驚。後來臺下的教授講評，說他膽大心細。總結時，陳教授說：

「你們聽到了嗎？小說獎首獎的同學從走上臺到走下臺，技驚全場。」

「他的霸氣、自信、堅毅、真誠……我再給他一個第一名。」

我聽不出評審的用意。

這篇小說以自傳體式的手法，寫成的絕妙佳品。以「建中沒落了」為主架構，很成功地消費了建中。我來建中三十年，「建中沒落了」我聽了三十年。坐在評審旁邊，我不敢告訴評審，這篇小說是這樣寫的。他在截稿日當天的早自習，走到講臺前，低語告訴老夫。

「老師，今天文學獎，還可以交嗎？」

「可以，可以，五點鐘放學以前。」

「那我上課就開始寫，今天一天統統用來寫。」

望著他像被菅芒劃過的眼瞼，那瞇成的一條線，怎麼看都是沒睡醒的樣子，我意志堅定的對他微笑。

「你就看著辦嘛！你知道怎麼辦哦。」

我怎麼會看好他呢？五點下課，他給了我快二十張稿紙。填完報名單，已超過截稿時間，送出去，我看都沒看。天啊！他是這樣寫出來的。

■

第三名○○○。小提琴悠悠揚揚，有點黑的得獎者，走近麥克風。

「我覺得我這篇〈一個建中的夜晚〉，得第三名是委屈的……」全場一片死寂，靜得可怕可怖可驚可畏，教授還被他點了名。他的致謝詞超過不少時間，司儀幾度想要趨前制止，聰慧老練的校長做個手勢，瞬目示意，讓他講個痛快。義憤填膺，語音高亢，煞都煞不住，整篇〈一個建中的夜晚〉的內容，都快講一遍了！麥克風腿痠死了，差點自己躺下。

比第一名的得獎感言，更強大。他只是一個小高一。

「狂妄死了……」一位家長寫了一張紙條給鄰座看。

「狂」和「妄」成了當天的焦點，紅樓二樓在冒汗。

■

第二年同一個題目「一個建中的夜晚」，又得了獎，這回是小說類的佳作。

「我覺得我這一篇寫得比去年還要好，結果成績倒退嚕……我很想聽聽評審們怎麼說？」

這位去年上臺橫衝直撞的建中小霸王，經過一年的淬鍊，今年將球做給決審委員。決審委員名單和去年完全不同，根本不知道去年發生了什麼事。像被押上刑場，不走不行。一箭三雕，不知怎麼辦的評審從左到右，小心翼翼地危機處理。校長大人一臉倉皇地漲紅，活似西瓜肉，然後鐵青，瓠仔臉又像摔了一跤。

張教授：「能掌握青年心態，充分表現出現代青年對現實的迷惘與疏離。結構尚佳，文字稍弱。敘述顯得匆促，不夠詳盡。」

周教授：「以一場遊行作背景，來烘托一個頹廢女孩子的心貌。文章中藏有寬厚的回憶，可喜。」

朱知名作家：「寫作的基本動作不錯，觀點亦有趣，文字經營應可以再認真一些。」

大家聚精會神地聽額外的講評，掌聲特別熱烈。〈一個建中的夜晚〉先生，卻不知什麼時候溜出會場，校長十分不悅，卻幽默地說：「斯斯有兩種，建中才子人有千千種，我這個校長心有千千結……」依然掌聲如雷，大家相濡以沫。

■

第三年又出現一篇〈一個建中的夜晚〉，校內老師們都十分驚悚。初選就被刷掉了，看來故事沒有續集了。

誰知道，事情還沒了！

晴天霹靂，第四年，〈一個建中的夜晚〉又來了。簡直是「影」魂不散。「拄（睹）到魔神仔了（遇到鬼了）。」有人戲謔地說。原來，他老弟也考進來了。沒入選。

天啊！好愛聽又好怕聽『得獎感言』。

（本文發表於《幼獅文藝》七三三期，二〇一五年一月號）

一叟小語

狂要狂得有理！好的東西要跟好朋友分享，老夫會跟你敬禮。

我只幫我學生的〈失去題目的記憶〉說話，他憂國憂民，他狂得強哉矯，他有本事吹大牛，沒人有異議。那搞了四個「夜晚」的建中才子，顛狂而妄，現在不知人在何方？

孔老先生說的這一段話——

「不得中行而與之，必也狂狷乎！狂者進取，狷者有所不為。」狂者太過，狷者不及，皆非中道之行。孔先生要的是中道之士做他的傳人。

人不癡狂枉少年，是血氣之言。當作熱血一下，無傷大雅。紅樓才子，志在天下，想領袖群倫，要從「謙德」開始養起。大易六十四，唯謙一卦，吉無不利。讀一讀許地山先生的〈落花生〉，你或許會恍然大悟，原來電腦揀的土豆，把成就都放在地下，韜光養晦得這麼徹底。紅樓才子們，天住得很高，你沒碰過你不知道。謙卑禮讓，善下知退，一點都不會影響你的偉大。

不是你拉拉唱唱——「力拔山兮氣蓋世」、「大風起兮雲飛揚」，你就會成為王者或霸者，天下事不是長這個樣子。大學，學大；建中人要養這種大器。中庸，用中；才子們要學這個智慧。

駝客兄，駝客弟，人生的路還有很多荊棘。停看聽，是你的智慧。跑跳碰，是你的狂熱。頭放低一點，多看看地，模樣很靜又很厚。爬得愈高看得愈遠，是努力的階梯；爬得愈高摔得愈慘，是跛扈的下場。

試試看，平平常常躺一回地上，你將會發現多麼接近天空！

捉鬼運動

校長：「若是提早結束夜自習，造成民怨、引起誤會，抓什麼鬼呢？」

沒有火把，熊熊怒火在高三老駝客深邃的眼窩裡醞釀。沒有革命，句句譙斥在斑剝紅樓的自由民主中發酵。長空黯藍，幾盞高大的探照燈，打亮操場夜晚的綠。夜色迷光，太邈遠的皎潔，溫暖不起群情憤懣的眼。

二十多年前的六月末，我還很年輕，莊敬樓高三教室夜自習時掀起了騷動。那一夜深悶溼黏的臺北城，紅樓有人丟下第一把椅子。課本、講義、參考書、舊球鞋、書包……怒氣如雨下。四樓丟下、三樓丟下、二樓丟下，一樓的則奮力朝天拋去。

波浪般連鎖搔動，瘟疫般遍室怒吼，校園鼓譟聲起。

「不用考了，考個屁啊！」

「就是要觸我們霉頭嘛。」

「這是什麼學校，爛死了。」

「抗議抗議抗議抗議抗議……」

「還我夜自習權，還我紅樓。」

「建中自由民主萬歲，我們不走……」

■

〇六二八事件恰逢週日，傍晚在籃球場，老夫跟自己鬥牛。週日留守，只有教官，年輕上尉他看出端倪，甚急。天漸漸黑了，我沒有回家，西雲未散，晚陽有風暴。

高三老大哥漸漸走出教室，在走廊跟著抗議起來。

六點半，老夫走進三〇一教室，在訓導處右拐第一間，今晚沒人吃便當，師生面面相覷，教室外乒乓作響。嚴格說這算校園造反，班上十來個同學們，不多話。

沒人阻擋、無人喝阻，唯教官一員堅守城池，只能呆看。

「八點鐘我會再來，冷靜些。」我淡淡地告訴學生。

火速趕回泉州街吃飯，我電知訓導主任快來，他緊張萬分，沒來。

■

約莫八點，穿過馬路從泉州街側門，急躁躁老夫趨入。莊敬樓、正誼樓，紙書飛揚，一樓知識垃圾堆如山，立在操場兩側的大燈提早熄了。忿書滿校園，荒涼快速在蔓延。

這是無言抗爭，達到起義標準。應屆畢業生發難，全是為了校方要求提早一天清空教室。

焦急走進教室，連我的十四個學生都高亢激情。校園無大將，老夫作先鋒，我只守住子弟兵。一口氣說了一長串——

總務處只是縮短一晚夜自習，需要這樣子嗎？這不是學校的意思，建中不會這樣幹的！是聯招會作業疏忽，要求提早一天貼桌子上的名條！你們讀了三年建中，又不是新來的！花圃上都是書本、衣服、襪子、雜物……連電風扇都掛在樹上，這麼不懂建中……大王椰子頭頂，竟然有書包倒栽蔥……有人生氣鬧情緒，可以理解，怎麼都這……做人至少要懂得感恩，平心靜氣好好想……

吞了一口水，聲音放低，我想我很誠懇地說——

我要求大家把教室打掃乾淨，椅子要靠攏，桌子要排整齊。建中最後一夜，今晚地要拖得最乾淨，這是做人的基本價值。

我的同學們，紛紛起立掃起地來。環視，高三這一年眼前最清明亮鮮的地板，然後我們熄燈，揮別。最後，老夫載了一位同學，並不順道，我送他回萬華的家。

■

第二天，聽說一早，天未打曝，工友全數急召，打掃。花了一整天的時間，清掉所有髒亂、烏氣、還有穢氣。知道的人不多，學校停課，師生全放假了。當晚的糗事，主其事跟瞎起鬨的都沒人放風聲。

生輔組長：「為了校園安寧，我們應該把這個鬼揪出來。」

主任教官：「背後可能有人搞鬼、有人策劃、有人煽動。」

訓導主任：「先把原因找出來，是校方疏忽責任，還是故意滋事？」

校長：「若是提早結束夜自習，造成民怨、引起誤會，抓什麼鬼呢？」

暑輔首日，校長跟目擊現場的我、輪值教官聊起當晚的事。

「上面沒長眼睛，我們不能跟著瞎，不對就是不對！」

「學生說我們和聯招會是共犯結構，這得忍氣吞聲！」

「我們應虛心向學生表示歉意，雖然錯不在我們……」

「上面凸槌，下面遭殃。這個虧要吃，好漢也要吃。」

「行政協調要順暢，還要注意態度，也是尊重學生。」

「處理校園倫理，師生的高度是一樣的，這是建中。」

鬼不捉了，〇六二八成為懸案。

■

捉鬼，像捉賊、捉小偷、捉強盜一樣，有除惡務盡之意。

記得，我高三上時，母校開放教室給學生晚自習，寒窗苦讀有老師聞問。在大學聯考錄取率12％不到的年代，夜讀、苦讀是一條路。

那一年，從北到南，全臺鬧鬼——

有人說是真的鬼出鬼沒，有人說是有人裝神弄鬼，有人說是有心人的政治陰謀。

鬧了鬼，自然要有人抓鬼，全省校園的捉鬼運動於焉展開。究竟要怎麼抓？沒有人拿得準？最後鬼有沒有抓到，大家清楚。

■　習慣晚自習的高三生活，先在合作社買個十元陽春麵，一大碗便是夜生活的開始。

主任教官擴音器的聲音，堅決、絕對——

各位同學大家好：臺灣鬧鬼，從明天起，晚自習取消。六點鐘教室清空，不准有人逗留。這全省統一，全校必須貫徹到底。這樣鬼就無所遁形，鬼不敢出現。

■　高三老大哥們，不吭不哈，有人在「文藝走廊」貼滿大字報——

【鬼在心裡有鬼的人心中】

【我們的心中沒有鬼】
【我們都是光明的人】
【我們不怕邪惡的鬼】
【富貴險中求，惡鬼心上來】
【人死叫做鬼，不是人以外還有鬼】
【怕鬼，不是人；是人，不怕鬼】

■

敢死隊多，還是有一群人繼續留下來，留下來抗爭。

「故意違反規定的，記過一次。」第一天朝會。

「擅自留校的，絕不稍加寬貸。」第二天朝會。

司令臺上虎頭鍘伺候的命令，毫不遲疑。大操場上不怕死的人最強大，打死不退。

女生班的人少了，男生班留校卻愈來愈多。主任教官生氣，英雄少年憤怒，劍拔弩張。誰第一槍應聲而倒，大家都在等英雄的名單出爐！鬼給誰第一支小過，大家都想求仁而得仁！

班會作成決議，導師兀立走廊，看他的雲，並不過問。
班長說：「結論：迷信，是邪妄；理性，才是信仰。」
班長說：「相信鬼的請離開，相信自己的請留下！」
班長說：「我們今晚要用勇氣驅鬼，不怕鬼的來！」
班導說：「留晚自習，我不阻止；不留，我不反對。」
班導說：「還有沒有事？沒事下課……下課……」

■

捉鬼運動，第三天晚上。蚊帳來了！有人打開手提袋，說是要在教室過夜。棉被來了！有人帶著一床被，想跟鬼睡一個邂逅。準備抗爭！三十三個好漢在一班。準備當炮灰。有一位被主任教官稱為太妹的女生，也加入陣營。

「學校可以到處抓人。」班長慷慨激昂地說。

「我們一起來抓鬼吧！」怕鬼的女生竟然不畏鬼。

鬼始終沒有出現，但是，學校一直準備捉鬼。

七點多，四位教官全在校園，冷月氣寒，鐵蹄將至。

九點，校長走入校門，走入我們班教室，站上講臺。

「不應該影響你們讀書，校長無能，對不起大家。」

「晚自習還是你們的。蚊帳、棉被今晚帶回家。」

■

第四天朝會，陽光很足，教官一個班一個班檢查頭髮。

「如果有鬼，校長抓！」校長拍了自己胸膛幾下。

「晚自習恢復，校長親自坐鎮。」他在朝會時說。

司令臺下，歡聲雷動，掌聲如雷。師生們都笑了。

「校長好……」臺下喊聲四出，有人大叫，有人比出V的勝利手勢。
「鬼去死吧！」張三說。
「怕鬼的去死吧！」李四說。
「抓不到鬼的去死死好了！」王五說。

✣一叟小語

世上究竟有無鬼魅，這真的沒什麼好討論的。為了抓鬼，弄得鬼影幢幢，人人都成了鬼了。把人看成好人，大家都會朝著這條路上走。把人看成壞人，失去互信，就光明不起來了。中學生正值青春期，叛逆性強，危險性高，情緒反應劇烈。

可是有腦筋的學生不能拿這個當藉口，第一流的學生應該有第一流的高瞻遠矚。

學生若誤會學校，他們之後自然會察覺，別去動他們。憤怒並非惡性犯意，試著機會教育，不用追究。教官執行公務沒有錯，這不丟臉，別自責。學生沒有惡意，老師、教官、家長、校長別著急。但是丟東西丟得像暴民，粗口聲罵得像狗血淋頭，就算不是誤會，只為了夜自習停一天，有必要這樣不理性的「同仇敵愾」嗎？

為了大考中心在座位上貼個名條，影響小小的權益，肇事學生像暴民，校長謙沖為懷。呼吶喊叫的捉鬼運動，杳無鬼影似鬼片，校長一副鐵肩。鞋子好不好穿，合不合適，自己的腳最清楚。椅子要不要扔，命令要不要下，鬼要不要抓，滋事者和主其事者的腦子，最好都要明白。過度情緒反應，往往只有懊惱與慚愧，永遠不要吃會後悔的藥，心中就沒有鬼了。

印象是別人的，形象是自己的，學校是大家的。

再見阿郎

「老師這是你在看守所送給我的，鐵窗外當場寫的……我一直放著不敢丟。」

天暗得很快，我先到公司，不久，王慰平來了，是他沒錯，二十幾年沒見了。穿著白襯衫、打著制式領帶、頭髮齊整、笑容可掬、圓融練達。見面的時間沒有選對，正巧碰到他公司明天新大樓啟用大典，王慰平是中區所長，忙上忙下，他說明天臺北總公司高階統統會來。我在貴賓室喝咖啡，兩三個業務主管輪流陪我聊天。

「我們所長，績效連九年第一，很拚呢！」

「沒有難得倒他的事，碰到刁蠻的客戶，只有他能忍住脾氣，最後成交。」
「他說賣車是求人的行業，要專業、要智慧、要誠懇、要信用、要謙卑。」
「每天上班他要我們背：客戶無理無禮無厘頭，我們忍耐忍耐再忍耐。」
「他總是第一個上班，最後一個拉下鐵門。他說：我做得到的，你們才做。」
「他說就算天上有掉下來的禮物，還得要出去撿才撿得到。服務第一，人到腳到。」

■

我們兩人在餐廳坐定，他歷盡滄桑，我努力老邁。我十分欣喜，他十分激動。
「謝謝老師來找我，這麼多年我始終沒有勇氣見您。」
「我有膽子找你，才吃得到鐵板燒啊！哈哈哈……」
「我只有高中學歷，加上自己有前科，老闆破格錄用，我一做就是廿一年。」
「老師說過『一失足只有一條路——千古恨』，這是真的！讓我感慨萬千。」
「你讓我完全改觀，跌倒能爬起來，又站得比誰都挺，這就是好漢！」
「這二十幾年來，我一直捐助、回饋，努力袪除心裡的陰影……」

「同學等你開同學會呢！引以為戒可以，折磨也是應該承受的。」

吃了幾道菜後，他從皮夾緩緩掏出一張泛黃的紙條。

「老師這是你在看守所送給我的，鐵窗外當場寫的……我一直放著不敢丟。」

——【養浩然氣，作有用人】——

眼睛一亮，我心頭一怔，很震撼。

■

那些年先註冊再開學，老師們要開各科教學研究會、訓導會議，班上還要處理班級集體註冊，以及留級生、復學生的安頓，導師們忙成一團，炙陽之秋，虎虎悶生，那個年代一盞電風扇也沒有，秋陽焦燥，汗很快就涔涔下了。

兩個穿便服的學生在走廊哈拉，模樣不像個建中學生。各班級的學生忙不迭地按照註冊程序走，有的繳學費單、有的送學生證、有的領書。建中像夜市，學生來來往往，走走停停。

「你們導仔，是誰？」王慰平斜著身，站三七步，腳不時抖著。

「聽說我們那個『五代人』，很殺。我二〇六班……你們這班呢？」

「有夠衰啦，這個這個『老大』啦！幹，衰死了……」他手指著二〇四前門右邊的課表。

長相粗俗蠻橫，我也不怎麼像建中老師。站定二〇四班門口，老夫就戰鬥位置，往右一瞄，眼神應該是惡狠狠地。

「我就是這位會讓你很衰的人……你們兩位是哪來的？怎麼穿便服？」

「我不是你們班的，他是你們班的。」

「我……，復學生，我叫王慰平，……老師我可以坐後面嗎？」

一臉社會化，滿嘴都是江湖話的他，眼神閃閃爍爍。

■

帶班還是老規矩，不管是志願的、發表政見角逐的，還是眾人推舉，只選一位班長。其他幹部和各科小老師，全由班頭張羅，我們說這是建中的內閣制。芮班長向我報告打算找王慰平當副手，我先是愣了一愣。問他為什麼這樣布局？

「老師，他是復學生，我想他能帶動愛玩的同學，最起碼這樣他會先要求他自己，他小有名氣，別班也不敢隨便欺負我們班。老師您知不知道他就是阿郎？」

「喔……王慰平……建中阿郎。」若有所思，我無意識的頻頻點頭。

「老師他……，我負責。」

「行！照你的意思，就這麼幹！」

■

仔細讀了一遍阿郎——王慰平的基本資料：

一、單親，父歿，母親靠柑仔店營生，一個妹妹。

二、高二重讀，休學——復學。

三、抽菸、爬牆、打架……，有記過記錄。

整體而言，對於阿郎的了解，還是模糊的。

■

開學第三週，班上有人丟了錢包，還來不及通報教官室。身為副班長，他問清原委，第二天就破了案。包包回不來，錢找到了，全班稱英雄。

「告訴我實話。」我找阿郎問。

「只有四百五十元，向朋友周轉，我拿出來的。」

第六週，「韓國仔」課業有障礙，數學不行，阿郎央託數學小老師教「韓國仔」，阿郎自願幫他打掃外掃區。

「韓國仔的數學沒問題，地還是我自己掃好了。」

第十週，和我們班共用教室的幾位補校同學來找碴，不滿「阿彬」在桌上亂寫不雅的字蔑視他們，聽說他一句話搞定。

「我是阿郎，他是我同學，不是故意的，這個臉要給我！」

第十三週，隔壁班有位重讀生和外頭女子同居一室，他們賃居寧波西街同一層樓，熟識。有人檢舉，教官準備突襲抓人。他貼了一張A4在大門外，上書【君子自重，非請莫入　阿郎敬啟】。

「這裡是租屋處不是宿舍，誰都不能進來。」他擋住門口。

第十七週，「黑龜仔」功課墊底，和船員父親言語齟齬，老父載他上高速公路，找個地方，狠狠打他一頓。「黑龜仔」逃學借宿他住處，第二天半夜帶他回林森北路的家，並且現身說法，委婉地向「黑龜仔」老父曉以大義。

「慰平啊，你講義氣我懂，校有校規，國有國法，有些事是不妥當的。」

「老師我知道我知道，我不會了……」苦笑，然後摸摸頭，他態度很好。

不過，第一學期結束，阿郎的學科成績一面倒，滿山斜陽滿江紅。

■

寒假返校日，發成績單，三科以上不及格的有三位。阿郎最慘，六門不及格，四科四十分邊緣，老夫國文給他六十分。打掃完後，他找我說話。

椰子樹最能領略淒情，當師生幽沉的步伐向椰子樹走去，椰影是輕歌下曼舞的仙子，給您冬陽的溫暖，斑剝的椰幹撐起失措無著的心。一半刺亮的寒光，一半婆娑的椰影，忽暗忽明打在他臉上，我第一次感覺到他沉默的心。

「王慰平，成績蠻糟的。」

「我沒讀什麼書？」

「能復學很難得，不能混啊。」

「我花太多時間打工，回家都累了。」

「打工？」阿郎坐定之後，我聽他說：

第一次讀高一，真的就是玩，玩瘋了，都不是學校的活動，撞球啦、夜遊啦、飆車啦、卡拉OK啦……還有打打架啦……。高二那一年讀不下去，怕留級難看，就休學了。

我父親早走，老媽養我們養得很辛苦，我還有個妹妹。我告訴我自己，上高中就要獨立，自給自足。可是我老媽，供我在建中附近賃屋，又設法供我起碼的生活費。立志立了半天，來建中就忘光光了。當年我是母校唯一上建中的畢業生，很丟臉。

休學那一年，我拚命打工賺錢，希望把兩年學費生活費賺起來，沒存到錢，倒是交了不少愛玩的朋友。這一學期復學是復學，也打工也還是跟他們玩在一起，所以沒讀什麼書。謝謝老師，謝謝班長，我還是改不過來。

講完他的故事，我們都站了起來。

「老師，我下學期好好拚回來，不打工了。老師幫我跟任課老師說一下，可不可以外堂課讓我留在教室讀書。我不能留級，我老媽會受不了。我不會亂來……」

「好，就這麼說定。有困難找我，生活簡單一點。」

冷雲開了，陽光全寫在他臉上，椰樹閃著光浪，低影漸斜。

■

下學期，阿郎果真換了一個人，努力讀書，不懂就問同學。工不打了，他先靠敲桿維生。二十幾年前，十分盛行撞球，每天放學，四點半到六點半，「快樂營」是建中撞球隊的戰場，是唯一不在校內卻擁有不少社員的「灰色社團」，五點都是高手「插賭」時間，阿郎擅長「九號球」和「斯諾克」，靠接受挑戰吃飯，三十、五十，收入微薄，但進帳很快。撞球要有球藝、要有體力、智慧，還要有氣勢，一票人會跟著他造勢。他講義氣，朋友多。很多人經常來捧場，給他氣勢。

「氣勢最重要！」他每每這麼說。「球王」阿郎，就有這個霸氣。

教朋友打麻將，小賭是他另一種營生方式，教會了很多人，也交了很多新朋友。方城之戰，用腦力自摸，比較輕鬆；撞球敲桿，靠臨場技術，比較驚險。第二次讀高二了，他不再拿老母一毛錢，家境清寒，他只有【允文允武】這一條路。

功課日有起色，暴力的傾向卻愈演愈烈——

解決日校、補校層出不窮的小糾紛，他一定出面。學校盯上他。

處理學長學弟搶球場的衝突，他大聲斥喝，爭端平息。學校擴大解讀。

學校抓不到的搜書包集團，他硬是揪出主謀。校方將他列為重點對象。

籃球場有人扒竊，他當場打得對方鼻血四濺，眾人喝采。記大過。

中山堂電影欣賞會，班聯會污錢，他率眾痛扁，掌聲四起。記大過。

兇狠的「黑面仔」霸凌一類組的身障生，他一拳打斷對方門牙。記大過。教務處期末課業全部——【過關】，學務處德行審查——【留察】。

「你怎麼變這樣？這麼暴力，講都講不聽……」

「老師，我看不慣為非作歹的人，阿郎我必須這樣……」

「這樣也是另一種流氓呢，慰平，價值觀不對了……」

「老師我知道我知道，我不會了……」

「有任何困難找我，這裡是優質學府，不可私了，私了是黑社會……」

「老師我知道我知道，我不會了……」

■

高三上，王慰平開始翻牆、翹課、曠課、不假外出，往來的對象從校內到校外，更複雜了，他社會上的朋友回鍋了，耽樂的夜生活恢復了；撞球不打了、麻將不擺了、功課不管了。

「阿珍仔，我是林老師，請您勸勸慰平，感覺他不對了……」

「老師我知道，他說有人要給他黑星手槍，他不敢要……」他女友恐懼地說。
「小妹，我是林老師，可不可以告訴你媽，你哥很不對勁了……」
「別告訴她，我媽生病住院……老師拜託拜託，我會勸我哥……」
同學好心密告，警方深夜擴大臨檢，王慰平反應快，黑星手槍隨手丟棄垃圾桶，趁亂溜走，沒被逮。曠課十九節，我連絡到阿郎。
「王慰平，不要再翹課，快廿一節了。老師直覺你就要出事了，冷靜點……」
「老師我知道我知道，我不會了……」
「明天七點半，我要在教室看到你。」
「老師我知道我知道，我……」
「需要錢找我，不要亂來……」
「老師我知道我知道……」

■

一大早七點，我兀立一樓走廊，等阿郎來。七點三十，不見人影。升完旗，我去住處找他，看他怎麼說，我帶著怒氣。租屋處空無一人，匆忙返校。

「林老師，很慘咧！牯嶺街派出所緊急來電，貴班有學生出大事了。結夥搶劫，一人在逃。」訓導主任紅著臉拉著我說話。

「王慰平？」

「嗯，我請李教官跟你去處理一下……」

一路疾走，牯嶺街派出所像個衙門，進門右手邊，一眼瞧見他，一隻手銬緊扣在不銹鋼管上，慰平看到我，立馬下跪，號泣不已。

「老師對不起，老師對不起，我沒聽你的，我該死我該死……。」

「如果沒解嚴，博愛特區結夥搶劫，不分首從一律槍斃，你知不知道……」

「老師對不起，我該死我該死……。」

警員將筆錄給我看：

王慰平夥同在逃嫌犯，昨晚七時許，在臺北市福州街經濟部門口，機車二人組搶奪記者錢包，贓款總計新臺幣六百九十三元。

「王慰平，已滿十八歲，移送看守所。」警員說。

「另一位父親陪同他投案，正在路上，也是你們班的。」李教官說。

「老師，我對不起你，將來我一定重新做人……」

「……」我點點頭，緊閉著嘴。

華視記者在門口，人影穿梭。

■

最後三審定讞，王慰平判六年有期徒刑，緩刑五年。另一位交付保護管束。

■

「老師，當年我有想過跟您借錢周轉，可是表現太讓您失望，我沒那個臉。」

「沒有贏得你的信賴，我很內疚，我和藹一點就好了。」

「不不不……老師。」放下筷子，他詳細說。

當時我老媽生病緊急開刀，借不到錢。一時衝動，看報紙寫，很多就都嘛是這樣搶人錢包。我對不起阿國，他不知我要幹這案子，要他騎摩托車接應，都是我一手策畫的。我電影看太多了，朋友交太雜了。當年那些外頭瞎混的，還幫我勘察地形、算紅綠燈秒數、摩托車拔牌，如何下手，如何逃逸，一再的演練，還給我一把短刀。就這樣糊裡糊塗，以為十拿九穩，找了個女的下手……唉！怎麼說呢？怎麼說都不是個人該做的事……

「那個受害者是中國時報記者，……」

「哦。好像是記者……」

「記不記得在帶你回學校辦手續時，你寫了一張很潦草的悔過書，寫到一半，我跟主任說：『我看不用寫了，等一下就要移送法辦了。』那一張我幫你收了，放在我書房，下回還給你，也是二十幾年了。上頭有幾個字我記得：【我是個土匪、搶匪、盜匪……】。」

「很可恥。」

「你臉上有一股善良之氣，現在你結結實實是個有用的人。」

阿郎，哦不——王慰平送我去高鐵。

「老師，身體要顧勇健喔！」

離去時，我心裡說：【哪一天我兒子要買車，老師會給你交關一輛。】

✣一叟小語

留個小平頭，加上一臉橫肉，在建中我的綽號一直很固定，「老大」、「黑道」、「殺手」，就是這幾個輪來輪去，並不怎麼新鮮。剛到建中那幾年，第二、三類組學生，到了高三轉組變數多，第一類組不太平靜，我和三位男性教師奉命接高二第一類組的導師，雖然慷慨填膺，易水悲歌的寒愴，不知不覺，油然而生。

想到阿郎，我常常很自責，身為教育工作者，我是崗位上的老兵，別人都是「化腐朽為神奇」，老夫卻是「化神奇為腐朽」。還好，不容易變好的人，自己變好了。記得他還告訴我，病中的老媽籌不出十萬元交保費。看守所足足關了六天，什麼樣的人都見識到了，販毒吸毒的啦、強姦性侵的啦、幫派流氓啦、殺人放火的啦……應有盡有。很荒謬的是，裡頭知道他是搶劫犯，竟然對他必恭必敬，活脫是個鬼域之神，對他行禮如儀，讓他哭笑不得。

他說：「難道我要這樣過一生嗎？」

看守所那六天，他想清楚了，良心就回來了。王慰平是自己好的，自己想要好，誰也擋不住。期待明年的同學會，「車王」王慰平所長會參加。

賀校長的門禁

君不見，一代傳一代，
那些強大的爬牆集團，現在不需爬牆了。

紅樓巍巍，椰影婆娑，第四節下課鐘一響，有的駝客一身卡其色的上衣拉在褲外，也有雙手插在灰藍夾克的駝客們，交疊而來，魚貫而出，走向大門口，只要在警衛室旁拿出學生證，簽個名、取個牌，就能出大門了。全是學生自治，條條理理，走出賀校長五十年前就開放的大門。閒步在南海路上，一直有著自由尊貴的步伐。十二點五十分，一群一群建國戰士又像凱旋的軍容，滿足地魚貫而入，大門始終敞開，沒關過。

二〇一二年以後，沒人會再過問建中人爬不爬牆了！爬牆史郭公夏五，疑信相參；巷議街譚，事多不實。記過！記過！覺得非爬不可的建中人，頗不以為意。無法！無天！覺得非罵不可的有心人，也毫不留情。建中學生不好搞？是的，建中學生的確不怎麼好搞。建中才子好處理？是的，建中才子實在也很好說話。

■

爬了五十年的牆，建中人和四圍的老牆咸不以為忤。爬牆好嗎？爬牆對嗎？爬牆應該嗎？爬牆無損校譽嗎？建中人不喜歡談這個話題，並不是他們真的目中無人。

賀校長主政建中，兩進兩出，留下了「赫赫黌宇，髦士三千。薰陶入座，恐後爭先。大而化之，賀公是瞻。金石貞固，永記年年。」的大理石紀念匾額。什麼時候，建中關起大門，不讓建中才子自由進出，要問校史館，我看了三十年一直如此。全臺各級中小學門禁始終森嚴，蚊子都飛不進，這並不足為奇。後來賀校長走了，大門悄悄關了，緊了；四面八方的牆卻開始有人翻了，讀過建中的都知道，哪些點哪個時段用什麼姿勢，一躍而過，學長會告訴學弟，除非你不參加社團。

建中不是朱門大院，牆卻特別高峻，讀三年建中若沒爬過牆，在那個年代是個笑話，那個人肯定是個書蟲。需要爬的不需要爬的，想爬的不想爬的，既然來了都要爬上一爬，沒翻它一牆就有點像不登長城非好漢一樣的詛咒。所以，牆外的接骨師很多，推拿術很盛行，各種膏藥應有盡有。寧波西街國術館林立，貌似武聖關老爺的鎮館關刀，威武矗立。這裡儼然是一條武林街，等著建中假武林高手一個個摔落，哀爸叫母，斷腳斷手，接骨師第一時間伺候你，不會讓你痛太久。當然，一些遜咖搞成嚴重的骨折，就只好「喔伊！喔伊！」送去臺大或和平醫院了。

爬牆看起來是叛逆？爬牆看起來是青春？爬牆看起來是輕狂？爬牆看起來是傲慢？建中養我三十年，我懂。原本老夫不需要在這裡嚷嚷。君不見，一代傳一代，那些強大的爬牆集團，現在不需爬牆了。

想知道為什麼嗎？很多人不清楚這是怎麼個回事。很多人自以為駝客歸順朝廷了？很多人自以為紅樓才子變乖了？很多人自以為建中駝客變笨了？建中才子大學化的自許，從來沒弱過。建中學生講道理，但他們也絕不會和稀泥。

■

前些年爬牆嚴重，校方強力干預取締。過愈記愈多愈亂，牆愈爬愈急愈凶。最後傾聽班聯會的建議案，要求中午開放，自由進出。這個縝密的門禁開放白皮書，十分周密周全而有智慧，十分自律自治而有韜略。最後在家長會支持，校方周詳規畫下，紅樓主人拍板定案了——「駝客可以有條件進出大門」，這全靠他們自己的腦子，憑的是他們成熟的高度。校務層峰核心的決策，也靠主其事者大格局的智慧。這個賀校長時代就自由進出的大門，重新開啟，學子十分珍惜。

所以，建中天天衝的才子並不【九怪】！以大方向來說，不會幹不合理的勾當。爬牆是要爬出桎梏！爬牆是要爬出自由！爬牆是要爬出民主！爬牆是要爬出自我！現在可以大大方方地走、昂首闊步地走，再爬，就不典型了。反自由、反民主，建中才子們心裡是會唾棄的！

建中這一座大山的偉大，是靠師生一起錦繡出來的。
誰想挑戰紅樓民主自由花的精神，誰就要付出代價。

■

想當年，為了校方無預警的關閉泉州街側門，芝麻蒜皮的事釀成大禍，學長學弟全臺大串聯，網路攻爆「建中南海」，紅樓古蹟岌岌可危。建中才子要捍衛的是自由民主，不要威權。緊急推出，緊急收回成命，帳還是記著。只是放了一個小屁，就臭了很多年除不去。破鏡重圓總是有裂痕，大人怎麼會不懂？

很久很久以前，段考空堂，教育當局強制學生原班自習，一大群人聚集紅樓二樓走廊，說那是自習的好場所，一時「灰藍夾克軍」，萬頭攢動。第二天不是又緊急撤回通知，向後轉回到原點？讓學務處左右為難，建中紅樓的自由民主要抓緊，腦筋思維要前衛！我敢說建中才子不會瞎鬧，但是也不允許蠻幹。

解決「事」情，要用科學；解決「人」性，要用哲學。科學的戰術，智商要高；哲學的戰略，智慧要深。門禁的事，賀校長五十年前就有大智慧布局；爬牆的事，五十年後照樣有人打開腦子突破。

現在，賀校長的門禁已經回來了，你還要提著弱不禁風的身軀翻牆嗎？

一叟小語

爬牆，是大事，真的有損校譽。爬牆，是小事，要用睿智處理。爬牆，爭的是自由。開放，行的是尊重。建中很多事，不是對不對的問題。除了對不對以外，還有好不好的問題。好不好以外，更有美不美的問題。對的改革，在不對的氛圍下揮刀，刀刀錯。對的策略，在不對的形勢下蠻幹，照樣錯。對的方向，在不對的機會下硬闖，一定錯。

有人說當年教育部很多層峰級高官，都是曾任河北省教育廳長——建中賀校長的學生，所以建中校長才能沒有包袱，邁開大步向前走，這說法也許是對的，但只能算是很微妙的元素。我窩在這裡卅年，像個櫃檯的店小二，來來往往看過很多駝客。那些建中紅樓才子真正成功的條件，其實是憑著有自治力、有自律力、有理想性、有前瞻性來的，不是整天靠著呼吶喊叫吃飯的。不單單是建中人，每一位年輕人都要清楚，天下沒有白撿來的豐功偉業。

在尊重誠信下追求自由民主，才子如此，師長如此，校園處處都是如此。建中這座大山，是自由民主一起堆起來的，尊重是一把鑰匙，誠信是一條長河。老夫說的。

學求生的韌力

空心菜的滋味

人啊！要親像空心菜一樣，
什麼環境都要能活下去……

兩三顆蒜頭搗碎，爆香，熱火快炒幾回，起鍋前，鹽巴幾許，酒淋上幾滴，就是溜溜爽爽的「清炒空心菜」。

小時候，除了初一、十五拜拜，晚餐可以吃到三層肉外，其他時間八仙桌真的都只是菜。從小到大，都是吃菜長大，菜菜久久，久久菜菜，我們庄腳放牛的野孩子，都是久久菜菜子。除了瓠仔、菜瓜外，吃得最多的就是蕹菜（應菜），大家都管它叫「空心菜」。

應菜、空心菜大家都很熟悉，我並不愛吃空心菜，最早是查甫祖愛吃，我們跟著吃。稍稍懂事後，聽查某祖偶然提起：「你阿祖那個死老猴，三歲沒老爸，給頭家看鴨陣，人家可憐他，給他飯皮（鍋巴）吃，配空心菜，那就是一頓了。」聽了心酸，從此就不挑吃了。

除了稻作外，靠豬舍的絲瓜棚邊，總有五、六條菜畦，菜園子裡除了三星蔥、三星蒜外，各類的菜都油綠一色，種得最多的仍然是空心菜。父親是菜瓜棚下的哲學家。他說——

空心菜容易活，長得快，颱風過後，菜價大漲，空心菜就是大家搶種的菜，十來天就可以採收了。空心菜是賤的東西，賤不是價值低，賤的東西容易活，多吃空心菜，生命的韌性就會強。你看，廢棄的菜梗隨便一丟，三兩天它又發芽了。「生活」，就是再生疏的地方都要能活，生活是做人的基本能力。人啊！要親像空心菜一樣，什麼環境都要能活下去，空心菜真臭賤，臭賤是代表很多，臭賤不是壞代誌，臭賤才容易活。

父親入贅後，偶爾他會煮飯，碰到颱風天，他總是煮一鍋瓜仔雞湯，青菜還是空心菜，滿滿尖尖一大盤，為了能吃到可口的瓜仔雞湯，我們這些小孩竟然很荒謬的期待颱風常常來臨。可口的雞湯令人飽足，吃起來喀嗤喀嗤的空心菜就有點為難，它特有的應菜味，白淡味淺。照家裡的規矩，桌上的菜都要吃完，我們三個小孩像灌菜脯一般，閉著眼睛往肚裡吞。第二天吃什麼就放什麼出來，我們總是這樣對父親抱怨著。

「這你們就不知道了，空心菜空心，可以把穢毒排出，可以顧你們的腸子。」他總是有道理說：「蕹菜好，蕹菜好。」

■

在臺北成家後，父親柑仔店收了，常常會帶著他親自種的空心菜來，我常勸他臺北什麼都有，別麻煩了。

父親笑了笑：「這都是我親身種的，親身擔肥，親身澆肥，沒有農藥。」

他回頭殷切地對孫子說，尋求支持。木訥的阿公和靦腆的孫子，很好溝通。

「有啊，現在還有水耕栽培的水蕹菜，菜梗很長很脆，南投竹山有，咱礁溪也有，價錢真好啊！不過，這是阿公種的啊！阿公種的較好吃，你們老師沒有講嗎？」傻兒子噗嗤噗嗤地笑，三星老家的空心菜，就一直合法進口到家裡來了。

第二天一大早，他按例回宜蘭。有一回我五點左右如廁，乍見父親已在做飯，我從門縫瞇著眼定睛細瞧。他肥厚的老手輕輕巧巧，鏟子不鏟，微微地使撥。我叫了一聲爸，他轉過身，庄腳人含蓄的招牌笑容也向後轉。

「本來想說不要吵到你們，哈哈，還是吵到你了。」

慈祥在鍋子裡遊走，我的心酸了起來。

有一次，父親搭火車來臺北，車到了福隆才猛然發現，一大捆空心菜忘了提，丟在羅東車站，換搭回頭車，找到那一大包空心菜再北上。兒子尚小，問他阿公說：

「阿公，你說空心菜很便宜，這樣划得來嗎？」

「划得來，划得來。那是阿公種的。」

■

父親坐在小板凳上揀菜，只是掐去枯葉，梗都不丟，動作粗獷也不怎麼仔細。他對著孫子說話：

我的阿母小時候在宜蘭員山種一大片菜園，蕹菜也是種很多。那時候家裡窮，吃過別人家的肉絲炒蕹菜，就炒著要阿母炒一次看看。阿母堅持地說，加了太多料就不是空心菜了。空心菜啊，空心就是虛心，虛心才會努力，心空才能容物。吃空心菜是吃它的精神，不然哪有好吃？空心心空就是空心菜的精神啦！吃原味才吃得到精神。這是我阿母窮的哲學。

我阿母還教我們，蕹菜不是只能吃，它在秋天開花，西風起，天涼時，菜畦邊就會開出漏斗形的白花，渾圓五瓣，花貌大方，形狀優雅，它和甘藷花、牽牛花一樣，看久了你就能看得出它的單純、它的聖潔。

■

前些日子，秋氣蕭蕭，回到三星老家，往菜園子裡望去，還是六條齊齊整整，長長的菜畦，別人家的菜種得不搭不七（零零落落），我們家小而美，特別是空心菜油綠綠的，迎風吹拂，舞得特別曼波，青得特別翠玉。

母親說：「咱們田裡基肥多，它自然就長得這麼好。」

我說：「媽，吃不了那麼多，就不要種那麼多……」

「你爸愛吃，就多種一些。」想了一下：「吃不完可以給厝邊頭尾吃。」

父親已經去世多年，我年近花甲，醫生說我膽固醇高、尿酸高、血壓高，要吃清淡一點，不能再大魚大肉大塊吃。雪隧方便，換我三不五時回老家，摘取媽媽親自種的空心菜。決定多吃青菜，自己學著自己炒。

兒子說：「自助餐的空心菜，蒜頭細碎，味道好耶！」
我說：「我喜歡爆焦的蒜頭味，那是我父親的味道。」
兒子說：「有人說空心菜炒豆腐乳是臺灣小吃一絕。」
我說：「這是你阿公的古早味，清香淡遠，最好吃。」

兩三顆蒜頭搗碎，爆香，熱火快炒幾回，起鍋前，鹽巴幾許，酒淋上幾滴，就是溜溜爽爽的「清炒空心菜」。端上桌，空心有容的青綠映在眼前。

那一年一大早，朝曦初起，父親小心翼翼炒空心菜的情景，一幕一幕湧上心頭，父親緊實的心填滿了空心菜。喀嗤喀嗤，吃起來清脆可口，沒有比空心菜更有滋味的了。

一叟小語

空心菜它「賤」，長得多，容易取；長得快，容易活。空心菜，「空心」，是貧寒人家內修的指標，好一個吃空心菜是吃它的精神。先祖妣對先父的教誨，一直代代相傳。空心菜窮的哲學與賤的生機，是我們學生學活的象徵。

物以稀為貴，「稀」，頂多搆得上是奇貨，稀、少、罕，憑什麼就可以貴？這樣沒道理。同樣是地上長的東西，多了，庄腳人就叫做賤。蕃薯、土豆滿地都是，賤；菜瓜、苦瓜、瓠仔，長滿藤架，賤；西瓜、南瓜、冬瓜漫越地表，賤；皇宮菜、地瓜葉、過貓、黑鬼仔菜（龍葵），野生不盡，隨地可拾，賤。

賤的東西容易活，所以滿地都是。但是賤的東西，卻是上蒼賜給人間萬有最養生的食物。愈多、愈普遍、愈不起眼、愈容易活的食材，對人愈健康。因為容易活，所以特別多，老農夫早就明白了。上蒼要照顧天下蒼生，祂自然而然給了最容易活、最賤、最多的食物，我們不要暴殄天物，更要珍惜「賤物」

的高營養素，只有「賤民」才吃得到「賤物」，上天多麼愛您，不要不知好歹。

賤的東西容易活，所以鄉下人取名字都取「賤名」，罔腰、罔市、番婆、雞屎、鴨屎、水溝、田土、土水、丙丁、黑牛、……愈賤愈好，愈好養，愈容易活。

出身富貴恐怕不如出身寒微，從小吃得了苦，基本功蹲得好，骨頭硬就像個人。「賤」，多能鄙事，庶民也；「貴」，不多能鄙事，士大夫也。孔子他說：「吾少也賤，故多能鄙事。」他傲骨得很。「賤」有什麼不好？

總是按呢

老師說：「吾不如老農，我也是晉惠帝啊！」他難得這麼自我調侃地笑著。

說起來，「阿祖」是個老菸槍，右手食指和中指間是菸記，褐褐黃黃了七、八十年。記得他老人家一天總要兩包紅菸，有別於一般「癮」士，下田時他不抽，上柑仔園時他不抽。只在長椅條獨坐時，一根一根地燒，憨實地沉思，久久會吸上一口。晚上就寢前，坐在蚊帳外，這種最劣等的吉祥牌香菸，還是一根一根地燃，靜靜地冥思著。

從小跟老曾祖父睡到大，他沒什麼贅餘的話說。活了九十三歲，他身上只有殷實老叟的形影，一問三不知，所以，我的古早知識不廣，寶山只是寶山，挖不出來。問他話，他只有：「總是按呢，總是按呢。」

小時候，我在水田邊長大，田水冷吱吱，天打曝（天亮）阿祖就吆喝我巡田水，從會走路起，我就跟著右肩扛著鋤頭的阿祖，從屋後巡到鐵枝路邊，胡亂哼著「透早就出門，天色漸漸光……」出門，水田是他的王國。開了籬笆的門，這會兒他話就多了：「田水若乾，就要引水入田。田水若滿，就要用鋤頭鋤個缺口，讓下一區田接著用，讓田水保持三分自然流淌，田字一區四塊，水要公家食，水要輪著流……」

春天春寒料峭，田水清冷；夏季水漲難消，田水燒冷；秋日秋水瑟瑟，田水霜冷；窮冬寒風刺面，田水冰冷。只要是田水，感覺都是冷吱吱，我不喜歡落田（下田）。下了田，我不問，都是他說，我只是「喔喔喔」虛應著。

我想問的，他的回答全是：「總是按呢，總是按呢。」跟我的「喔喔喔……」

差不多！我說：「老師說雞的精神真偉大！阿祖，雞公哪會透早大聲啼，一鳴就天下白了？」他笑笑：「總是按呢，總是按呢啊。」

我說：「老師講蜻蜓點水真水呢！阿祖，田嬰（蜻蜓）點水置創啥（在幹麼）？」

他笑笑：「總是按呢，總是按呢啊。」

我說：「老師說松仔樹、扁柏常青，氣節真高尚，為什麼呢？」

他還是笑笑：「總是按呢，總是按呢啊。」

「阿祖，你不能每次都總是按呢，總是按呢啊。這樣我都不會啊！」

「自己靜下心來看來聽來想，你就什麼都懂了。自然就是自然，總是按呢啊。」

一根紅菸燃著，菸燼欲落。

■

約莫四十年前，在北市溫州街附近的天德黌舍從毓老師學習中國經典，一次偶然的機會，我提及家曾祖父是個佃農，老師很感興趣，約了就去。記得毓老師到三星見我曾祖父，那是一個夏天，曾祖父肩膀正扛著鋤頭，一腳踏上稻埕，老師與我站在絲瓜棚邊，我那曾祖父老農夫發出笑呵呵的歡迎聲。

「真好真好，老師你也這麼老喔！」

一個很老的老農夫，跟一個剛開始老的毓老師，初見面，算得上相見歡。從稻埕邊放眼望去，金黃黃的稻浪輕柔地婆娑起舞，老師面露陶醉的神情，手捋著花白的鬍鬚，十分開心。老師特別喜歡和鄉下人說話，他對著我的老曾祖父說：

「歐吉桑，做農人身體好喔？」「總是按呢啊！」

「歐吉桑，吃青菜真健康喔？」「總是按呢啊！」

「歐吉桑，刈稻仔會癢嗎？」「總是按呢啊！」

「歐吉桑，做田會甘苦嗎？」「總是按呢啊！」

「歐吉桑，稻子種得很水喔！」「總是按呢啊！」

熱情有餘，對答不流。這大概是闖蕩大江南北、五湖四海，出入大清宮禁、壯遊名山大川，睿智英敏的毓老師，一生中難得艱難的一刻。我這個翻譯官更冏。

我有點尷尬地說：「阿祖你總是按呢，總是按呢，有講等於沒講啊！」

阿祖說：「老師他怎麼會知道？不是什麼代誌都用問就會知道啊！」

吃完飯後，送老師上車之前，老師說：「老農夫特別誠篤敦厚。」

送走老師以後，還有三句話清清楚楚記在我腦海裡。

老師說：「明進啊！你看，學問並非都是問來的，自覺才是真學問。」

老師說：「吾不如老農，我也是晉惠帝啊！」他難得這麼自我調侃地笑著。

老師說：「吾不知老農，每個農夫都是哲學家啊！」

一問三不知，「總是按呢阿祖」，就這樣成了哲學家，這是毓老師封的。

■

曾祖父也不是什麼都是「總是按呢」，跟莊稼有關的，他教得可勤呢！

「刈稻仔要正腳提向前，左腳置後。左手握緊四把稻仔叢，正手的鐮刀順勢從外往內刈，呈弧形狀，這個要領真要緊……若是先出左腳，就會割到自己的腳……」

阿祖雙腳蹲穩站定，眼神盯著我，要我「一伏一仰如波浪，才會省力。鐮刀柄要抓緊向內靠，不傷自己，不傷別人。」

這是他水田世界的專業，有機會他就仔細地說，深怕我漏聽了。

小時候，每天大清早我和查甫祖、查某祖兩個阿祖一起起床，我負責清理大灶的灰燼，然後起火，好讓查某祖大鼎煮飯。接著放完雞，我的莊稼事就了了。我喜歡蹲在田埂邊，等著朝曦，等著破曉，學阿祖沉思。公雞是王，清亮的喔喔聲一鳴，后妃們就一個個醒來了。公雞的王國很熱鬧，公雞和母雞相愛，先是皇后然後貴妃接著是嬪妃們，其他的宮女就只能拿著秋扇撲流螢了，看得出窩在一旁的宮女窮極無聊。就這樣，一天又一天，不斷地天亮，有一天我就懂了。總是按呢，總是按呢啊。

除了田裡的事他講得起勁以外，還有就是說到關公的「義氣」、土地公的「有求必應」、觀音大士的「慈悲」等等天頂的大人物，這些歷史上的忠義故事，他會一遍又一遍地說。當他講到激動處，老人的油味就陣陣襲來，紅菸味烘焙著油垢味，菸味、老人味，分分明明，這是阿祖的味。老人古人應該都是這種古早味，從小我就認定這樣，一直到今天，每當看到或想到任何神祇，我也會一起想到阿祖油油的古早味，那是慈祥的老人味。

■

印象中阿祖喜歡走路，兩塊錢換三公里的路程，他都不肯花。走啊走啊走啊！每逢週日，我就得跟阿祖從三星出發，手提著三公升裝、放了幾勺鹽的白開水，一路跟著「總是按呢阿祖」往靠近「牛鬥」的「清水湖」走，那裡有我們一塊柑仔園，我跟他走著走著，走了十幾年的週日。

有一年，元宵過後，全家上山採收桶柑，整個園子千樹有橘，澄黃一片。阿祖對我說：「柑仔落葉在冬末初春，就是這個時陣。老葉掉落的同時，新葉也相繼長出，不詳細看，看不出來。松仔和扁柏也是如此，它們都在春天落葉。天寒松柏常青，落舊葉同時長新葉，總是按呢啊！」

■

「阿祖，你這麼愛吃飯皮（鍋巴），是飯皮很有營養喔？或者是很香？或者是古早人勤儉？」

「不是按呢！」點了一根紅菸，接著說：「我細漢無老爸……」停了一下，他又從頭說起：「我細漢無老爸，趕鴨陣的阿伯、阿叔可憐我，叫我幫忙看鴨仔陣，顧我三頓（給我一天三餐），阮阿母真歡喜。……我五歲就吃人家給我的飯皮，雖然粗澀、礙胃、苦硬，但是飯皮特別香，特別好吃，那是吃飽的滋味。別的孩子都吃番薯簽，哪有每天吃飯的？」

「喔喔喔……」我頻頻點頭。

「我細漢無老爸，三歲時，我老爸的頭就被日本人當做土匪砍了。日本人真可惡，我的老母說伊是冤枉的，被人陷害的……」難得聲音高亢，激動的臉，紅了起來。

「我會食菸，是趕水鴨的阿伯忙碌工作時，要我幫他拿菸，這樣拿著拿著，約莫十來歲，自己也就抽了。這八、九十年來，我都是手提著菸，想我的人生，想啊想，想啊想，想沒有什麼結果……人的命總是按呢，總是按呢啦！」

「該你自己學的，你要自己體會，人生的學問不是只有問來的，人生總是按呢。做田有天理，天給咱多少，咱就有多少；做人有義理，天給我們多少，良心就有多少。大自然就是咱的先生，山啦、水啦、雲啦、日頭啦、雨啦、雀鳥啦、稻子啦、泥鰍啦、蚯蚓啦……攏是咱的先生，斟酌看（睜大眼睛看），你就看有了！人生都是自然如此，總是按呢啦。」

■

「總是按呢阿祖」在我到建中應聘前半年故去了，總是按呢的不誨之教，總是按呢的人生思索，一根菸燃了多少辛酸，那沒有特別吞吐的紅菸味，和歷盡人生的老人味，總是教我懷念。

他走了以後數日，我偷偷地在蚊帳內努力地吸、拚命地聞——「總是按呢阿祖」留下的吉祥紅菸味、古早的老人味，以及「總是按呢阿祖」迴繞在空中的滄桑聲。

這裡有我和兩個阿祖共床十八年的符號。

四十年過去，我的老人味怕也將來了。人生總是按呢，總是按呢啦……

一叟小語

天，天然而然，總是按呢，順其天然，神妙在其中。
人，自然而然，總是按呢，不用強求，明德在其中。
四十年過去了，菸味、老人味，全聞在我的記憶裡。難忘的味道，難忘的「總是按呢，總是按呢」，慈祥自是一種芬芳。

旁人都說：「學問學問，學問不都是問來的！」「路長在嘴上，人生也長在嘴上，勤問，可以省下很多錯誤與挫折。」那一年，封我曾祖父為哲學家，也是我一生尊敬的毓老師，在一次因材施教的機會教育中，一聲鐸教如雷鳴——原來哲學在生活中，原來哲學在自然中，原來人生哲學就在我們的尋常日用之中。「吾不如老農」、「吾不如老圃」，聖人之教，豈只是謙卑而已。

「該你自己學的，你要自己體會，人生的學問不是只有問來的，人生總是按呢。做田有天理，天給咱多少，咱就有多少；做人有義理，天給我們多少，良心就有多少。」

老人家的人生哲理莫非是從順天知命而來的，大自然真是一部偉大的書，取之不竭，用之不盡啊！

好一個「大自然就是咱的先生，山啦、水啦、雲啦、日頭啦、雨啦、雀鳥啦、稻子啦、泥鰍啦、蚯蚓啦……攏是咱的先生，睜足看，你就看有了！……」

人生都是自然如此，如此自然，總是按呢，總是按呢啦。

學生

「她很會教我活，可是她自己都沒好好活過。」

十幾年前，剛接高二新班級，有一位學生開學沒來，手傷，請了一個禮拜假。第二週全校升旗，【甄經典】和他媽在走廊上等我，沒有醫生證明，媽媽懇求准予病假，聊了一陣。經典示弱，頭垂了下來。唱國歌，話題暫停，我看著陌生的經典，右手腕綁著繃帶，十分齊整，沒有優碘味，十分蒼白。媽媽藉機跟我咬耳朵，說他「喜歡一位女生，人家不理他，他自殘。沒用的東西……請老師給他開導開導。」母親啜泣。

（直覺想到好友告訴我的小八卦，一位建中學生為她女兒割腕。會是他嗎？）

送走了他娘，我請他到辦公室，要他打開繃帶，我看看。他聞言先是愣了一下，臉紅一陣。原來右手臂離手掌十公分處，畫了一道傷。

「你慣用左手？」

「不，是右手。」他搖頭，疑惑。

「左手割右手，你沒真要自殘嘛！想博得女生同情，女生也沒理你啊，只是傷了你老母的心。你有沒有瞧不起這樣的行為？為了一個不喜歡你的人，出此下策，你不是真男人。多少人想活活不成，你這樣玩弄生命……」

他的表情從有點不屑，轉為不安。布滿血絲的杏眼，慚愧得泛紅起來。

「……是……是……是……」

「明天把事件過程寫一份報告給我，條列式就行。老師話說得重，是希望你腦子靈光一點。人不只是為自己活而已，自殘，太懦弱了。……」

「……嗯……嗯……嗯……」

「經典，學著怎麼活。死很容易，活得好很難，但是活著是責任，活著才能感覺一切。我思故我在，我在故我思啊。」

我仔細看了經典的報告。天啊！果然沒錯，女主角竟然是好友的獨生女——小薇，讀一所高職餐飲科，已取得丙級證照。除了課業之外，什麼都好。高一在建中校慶舞會中邂逅，經典看到她，展開熱烈追求，沒多久，小薇就不理他了。沸點碰到冰點，十分不幸。

小薇的母親病了一段時間，要我了解、關切，並促使這一樁美事。她當年就是太高傲，失去了建中的男朋友。小薇不這麼想，根本沒感覺，幹麼千里一線牽呢，我們跟建中不同路！母女還為此吵了一陣。

我在經典的補交週記上寫了幾句話：

「梵谷說：『在這薄情的世界，願你深情地活著。』林老先生說：『你多情的種子，要找到適當的泥土。』天下不是你一個人的，你熱情，並不代表別人就要跟著你燃燒。投緣就有緣，緣未到，等待，也有圓緣的可能。憲法沒有規定：建中生可以想要月亮，別人就要摘下來給你。」

■

癌症折騰了一段時間後，我的好友變亡友。

辦完她娘的喪事。有一天，讀大三的小薇給了我一通簡訊：

「準備負笈海外深造，林老師我們聚個會，向您老人家辭行。」

我樂呵呵答應了。

一路看著她長大，可憐的媽留下可憐的她。她說她不可憐，可憐的是她娘。看來她是長大了。在臺灣，從小到大，學業不理想，換個學習環境，出去重新打造，也許是新生的開始，聽她娘的話是對的。

記得有一回，我奉亡友之命，請她吃飯談升學考試，但其實我們沒多談功課，我們談法國菜、談披薩、談火鍋、談生啤酒……，我談吃比談學問精彩，她聽吃比聽讀書快活。虛應她的亡母我的亡友，是那一晚我們最痛快也是最難忘的違背，原來人生只要不談嚴肅的事，都是美麗的夜晚。

我們在法國餐廳一坐就是三個多小時，氛圍很好，談話內容反而顯得單調拘謹，也許出國本身就是嚴謹的開始。我答應她母親要像個親人照顧她，叮嚀只是一種最簡易的關心。

「林老師，你知道我母親繃得太緊，我們母女關係一直很糟。」

「小薇，你母親要求你很高，是因為她非常傑出。我知道你在母親身邊吃了很多苦，她沒法了解書讀不好的心情。她出道很早，從年輕起就是響噹噹的人物。十幾年來，她風靡兩岸三地。大江南北有她的餘音繞樑，偏遠山區有她的愛心腳印；比北方更北的哈爾濱，比南方更南的海南島，都有她的絕唱。」

「她很會教我活，可是她自己都沒好好活過。」

「她追求完美，卻活得苦悶。人人知道她是強者，卻不知道她也十分脆弱，你母親失敗了兩場婚姻，你也經歷了兩個家庭。她說巨蟹座的女人最愛家，可是你母親要不到平常人擁有的幸福。」

「我最對不起她的，就是我不會讀書。最聰明的女人生了最笨的女兒……」

「你現在要單飛了，就應該知道她的盲點。有時候不會讀書比較快樂，有時候找到位置才會找到價值，你要去美國深造餐飲管理，就是最合適的選擇。她活得苦，你不必跟她一樣；她活得很努力，你要奉為圭臬。」

「她常常說：『我超越了我自己。』」

「嗯，是她的自豪，也是她的孤獨。」

「她很滿意自己，也很失落。」

「嗯，我曾經告訴她：欣賞你的人很多，愛你的人很少……她哭了……」小薇也鼻酸眼紅，哭了。

「走的前一天，媽說：『我瀟灑揮揮衣袖，全然不必為我傷感。』我哭得唏哩嘩啦……」小薇鼻涕擤個沒完。

「這倒是她的真性情，活得很自己，也很率直。」

「將來你找丈夫，眼睛要亮一點，你媽媽這部分她給自己很低分。選丈夫，要選有肩膀，要大器……」我看她還在抽抽搐搐，便換個話題。

「老師，我去年跟甄經典又走得近了……」鼻尖還紅紅地，卻靦腆地笑了。

「真的假的？你媽知道嗎？這種會自殘的，你也敢要？」

「媽一直都不知道。你調教兩年，他不一樣了。本來今天想約他來，他怕你。」

「真是失敗！他不是臺大電機的嗎？出國前叫他見我一趟。哈哈哈……」

「老師，我程度差，我想問你：你在我媽『活的告別式』中，唸的那幾句是什麼意思？」

「哪個跟哪個？」

「一滴情水可以哭成一片江湖；一口白乾可以喝盡一壺乾坤；一聲嗟嘆可以鶴唳一部青史；一道眼光可以燃起一派日月。運氣這一章，天命怎麼這麼粗魯，竟把一場絕響，遺忘在空谷……」她拿出小抄，照著唸。

「就是『一種典故』嘛，那個題目是你媽出的。我胡謅，她說好就好了。哈哈哈……這別問這別問，我也不知道，我也忘了。」

結束之前，她說只帶一件母親最後的遺物到美國，緩緩地拿出放在桌上，十分袖珍，我心頭莫名的顫動。

■

亡友癌末期間，我去榮總探視她。我做了兩件事，第一件是我主動說的話。

我說：「日子不多，你希望我幫你做什麼？」淚水從她乾癟的臉緩緩流下。她說：「我喜歡聽，喜歡你這樣說，你還真算是我的哥兒們。別人都是千篇一律地安慰，你不一樣，這好這好！懷念我就好……可以的話，幫我女兒規畫學業、事業、嫁人……」我偷笑，她偷哭。

第二件是她要我留言，這是她的習慣，寫什麼都行。往前翻，名人夫婦、藝術家、書法家、小說家……洋洋大觀，應有盡有，大家都像寫作文一樣，總認為寫得多就是好，也許也深怕寫得少對不起自己，也許也怕沒機會再寫了。

我小氣，只寫了兩個字：學「生」。她笑了。
「學著活嗎？真虧你還想得出來！」
「但是很痛，真的叫痛入骨髓，你看肚子鼓成這樣。」皺著眉頭她指著肚子說。
「這個時候，你要認真活給你女兒看，她看得懂的。」
揮揮手，我一定再來。
她說：「有空再來！」沒想到這竟是最後一面。

■

小薇將鑲紅木的金牌打開，上面鐫刻著她媽媽顫抖的兩個大字：「學生」。上款：「建中一叟題」，下款：「媽媽遺書」。她說這是她母親病榻上最後教誨的遺音，「學生」，我會永遠做到、做好。
我說老夫送你回去，她不肯，堅持自己走回家，說十分鐘就到了。我說現在這麼晚了，治安又不理想，如果你真的這樣一個人走回家，一個婀娜多姿的辣妹，一路上都暢通無阻，啥事也沒出，會很丟臉呢！

她說：「學生，學生，學生……掰掰！」俏皮做個鬼臉，看不出剛剛哭了一場。

✤一叟小語

在比名牌、比名校、比名利富貴的庸俗價值中，有多少人能逃離這個巨大的漩渦。人人都知道「勇敢做自己」，是簡單的信念，也是普世的價值，唸起來尤其慷慨激昂。可是比學歷還是比能力？比實力還是比機會？這些都常常成為我們怨懟的理由。活在人間要怎麼活，學生究竟要怎麼學？一生的基本信念要學會什麼？很多人都想過，卻很少人去深思熟慮。

親情可以享受骨肉至愛，可是很多人跌入父子反目、母子疏離的陰影；友情可以好到刎頸之交，可是很多人沒領略志同道合的滿足；愛情可以永浴愛河，可是很多人沒有兌現「執子之手，與子偕老」的誓約。不要以為幸福在遠方，在可以追逐的未來。那些你曾經握過的手，那些你曾經唱過的歌，那些你曾經流過的淚，那些你曾經愛過的人，所謂的曾經，就是幸福。

不是每個人都能長命百歲，可是我們可以精彩人生啊；不是每個人都能叱吒風雲，可是我們可以安身立命啊；不是每個人都能飛黃騰達，可是我們可以寧靜淡泊啊。「學生」是一生的作業，每個人都可以拿自己的妙筆，創造不同的美麗。

他是你們的老爸，回來就好，
替你們的媽媽好好為他哭，好好地哭，大聲地哭。

晚歸

建中學校日，南海路有如大拜拜，人擠人，車擠車。進入建中廣場圓環邊，家長們總會昂首看一看眼前斑剝的老建築，心裡頭暗暗以兒子為榮。

燈火通明，哥德拜佔庭風格的紅樓，蒼勁地立在多人朝聖的夜晚，耀眼、宏偉、鮮紅的外觀透出古樸的風味。雖然操場早已沙漠變綠洲，很多人仍願意想像紅樓在風塵飛揚中的矍鑠，駱駝在沙漠中馱行的堅毅，駝客「有筆有書有肝膽，亦狂亦俠亦溫文」的風骨。

建中紅樓的穿堂，乍見國中同學。四十幾年不見，她么兒考上建中，還剛好在我任教的班級，學校日正是尋親覓友時，天下竟有這麼巧的事！我們雙手緊握，全忘了當年國中導師說的「男女授受不親」的班規。四十五年是怎麼樣的歲月？很難說也不用說。當年髫童書香遊戲時，瞧瞧現在，換取滿頭白髮鬢毛稀。

「阿明仔，阮不結仔子（不成材的兒子）就交給你了，要給她教好喔！」

「一定一定！」

七點登場，她坐在隔壁班靠窗第三個位子她兒子的座位上，跟我揮手致意。

■

國中時代，傍晚時分我經常要送南北什貨到她廿幾戶家族的小聚落。她家在「破布烏」田間庄頭，半米大小的田岸路，忽上忽下又蜿蜒曲折，很顛躓難駛。騎著腳踏車，我經常撞進水田，青秧見到我都觳觫不已。尤其是急低急高還要穿越板橋那一段，好幾次，我連人帶車掉落木板橋下的小溪，嚇壞了消暑的水牛。去她家，她都躲起來，羞顏未嘗開。等我走了，才探頭出來。現在，一個老翁，一個老嫗，大大方方話起家常。

「阿娥仔姨，豆油一打，這是送的碗。」然後回收空瓶。

她們家是個神祕家庭，一個媽媽養五個小孩。爸爸不在，她母親很親切，遇人不淑，第五個小孩尚在襁褓中，先生離家到臺北打拚。這位堅強的母親，每天打零工維生。當年私奔，自己願意承擔。孩子的爹卻一去不回，聽說入豪門為婿、聽說犯罪入獄、聽說精神病住松山療養院……種種傳言不一而足。起初還定期寄錢回來，一年半後就無聲無息，一毛錢也沒寄回家。她為了跟婆婆賭一口氣，當年起碼的婚也沒結成，卻硬著骨頭住進他男人的村莊，半生忍受冷嘲熱諷。

等了三十年，等出了怨，等出了恨，等出了仇。唯一的女兒是老夫同學，我老母述說了這段悲慘的家庭故事。說一個女人的癡心，她望田倚柴扉；說一個女人的決心，她蓬門為君開。一個女人等了三十年，三十年一缸淚。失望，靠真心的希望等待。絕望，靠養家的責任求生。

回想我老母十幾年前說的這個故事，這位同學媽媽的遭遇。難熬的悲苦，都是阿娥仔姨對我母親說的心酸事。所以，同學家的帳，賒了三十年，「通簿」猶存。等到這位女人過世，還有不少永遠沒還的舊帳。媽媽告誡不能說，不可以討，這女人太苦了。面對阿娥仔姨的外孫，必須隱去人倫不幸的故事情節，我們換個方式來領會這堅強女人的心。王維的〈山中送別〉，太像她最後相送的一段苦情。今晚，我借文人的詩，只捕捉那一送的淒涼，凝煉這段癡情，代替她浮生的失落與難堪，並且紀念這位村婦堅毅的一生。女人能吃的苦，男人未必能吃。女人決定的心，男人未必能解。男人壞四十開外，阿娥仔姨的尪，離開村子時正好四十歲。悲慟的殘忍，最後再告訴你。

■

情感的發酵，往往是靠著時間來熬煮。時間是生命無奈的救贖，等待是望不到盡頭的癡迷。柴扉是感情的門，日出日落，開開闔闔。門開，日出，把希望等成了西斜的餘暉。門掩，日暮，將美麗等成了春草的遺忘。

夕落，淒涼，也漆黑了心頭的光。

送自己的男人離家去臺北，是過去一段難捨的印記。走出大山的人，可以冠冕堂皇地走向希望。留在山裡的人，從第一個送別的落日起，也倚著希望的心在默數柴門的咿咿喔喔。

三星車站相送罷。

那一「罷」，藏去了滿山的話別依依、流眄不捨；那一「罷」，脫卸了多少個別餞離亭、柳條梅枝。沒有婚約，沒有叮嚀，沒有淚拋，沒有泣聲。一個「罷」字，概括該有的男女私情，也忍住了酸淚的高潮。

送別該有的情調，全在時序的跳脫中湮滅。最難排遣的離恨，原原本本攜回「柴扉」。自個兒慢慢的挪，輕輕的掩。愈淡愈難，愈簡愈苦，愈涓細愈是波瀾。等待的山深、雲深、情深，等的是綠色的春臨。太淡太定所成就的夢，悲慘淒苦都難抵。現實的生活必須實際奮鬥，擦乾眼淚，阿娥仔姨要為五個孩子而活，要有強大的求生韌力。

清寂的幽山，它要費多麼大的勁兒，才能讓柴扉緩緩推抵難擋的夕色。門虛掩了，山清靜了，星子在流動。最後一道嘎嘎聲息，門內的阿娥仔姨，心也默默地掩藏。那一掩，把隱隱的幽悶又藏向沁溼的衾被中。

明年春草又會再綠滿大山。春聲春色，會再憐人。春意春情，會再喧心。春綠的帷幕是可以預期的。對於阿娥仔姨來說，男人的歸與不歸，卻是個未知數。難以逆料的會面，只能在無邊無涯的等待中枯萎。

輕掩柴扉，火紅的落日看盡，視野是阿娥仔姨每天的眺望。春草年年綠，是可以預期的春盼。然而等待的人，卻未必能歸來。說不盡的孤獨，等不完的寂寞，統統要氤氳在山中，嵐來霧去。山幽無法淡定，來去不定的雲。豈能泰然自若？她的男人盤桓臺北，久去忘返而大嘆其未歸，是驚悟的悸動。男人遊兮不歸，春草萋萋，這種等待警覺得太晚，柴門一開一掩就是三十年，那要有多少嘆息呢？

■

三十年的時光，可能很短；三十年的離恨，一定很長。村子這位一直沒有名份的女人，茹苦含辛鞠養五個私生子長大。他們都知道爸爸早就死了，只有這樣說，媽媽才有力量活下去。

三十年後，他們的爸爸回來了。生意失敗，妻離子散，帶著當年的舊皮箱，他光溜溜的回來了。

「拜託！」親戚們央求讓病重老弱的他回家。

「免講！」那女人說，孩子的父親早就不在了。

不准給我進家門，是對宗親的宣告；不准給我叫老爸，是對骨肉的區隔。

「哪一個人認他做老爸，我就不認你！」那女人堅決表態。

孩子的爸爸，就這樣借住叔父家，每天看著自己的家門、家人們。爸爸的孩子，就這樣縫緊自己的嘴，每天望著自己不能叫的老爸。

三十年不容易，過去了。六個月很難熬，結束了。有一天，同學的父親，急性心肌梗塞走了。孩子的母親，命令她的孩子們哭，好好地哭，大聲地哭。

「他沒出息，苦了六個月，忍不住就走了。我原諒他，卻捱了三十年。他是你們的老爸，回來就好，替你們的媽媽好好為他哭。好好立個靈位給你老爸，照規矩來。他是你們的父親，你們不是私生子。」

一個男人的故事結束。

一個女人的愛情未滅。

聽說，人前她沒掉一滴眼淚。

■

同學——

歡迎你的孩子來建中，我會好好調教他，等他畢業，我再退休。他外公的故事，我們讓它煙消霧散，絕口不提；他外婆的剛毅艱辛，我們要讓它慈暉普照，懿德流芳。

紅樓穿堂的燈，很熒煌。
我們同窗的情，很燦爛。

✣ 一叟小語

在古意盎然的校園乍見老同學，忽然間有好多話想說，可是就唯獨他晚歸的父親這檔事，不可說，不方便說，萬萬不能說。

王維的〈山中送別〉，方才送別，已經深盼，是清冷的無奈。春草明年綠，王孫歸不歸？這種等待渲染得太早，心苦。最苦的是該在慘別黯然的問君歸不歸？阿娥仔姨一直含在心口，所以轉身就沉重見底，這一問，沒想到就苦等了三十年。那「掩柴扉」的日暮，來不及醞釀的閨怨，已經貼在門閂之上。你可以想見山中送君層層疊疊的「罷」心，會是多深沉的喟嘆！

阿娥姨她自認為不必長年獨守空閨，她自以為一年半載可以消憂。明年春草綠時——她偷偷問他的男人，也低聲地問一問她自己？黯然銷魂的揪心，她心裡頭明白給他的只有一年的守候！再來就有說不出的難熬了？該飲泣、該嬌嗔、該婉約、該打勾勾的弱女情節。全收在囊橐的袋子，捆得緊緊地，像緊抿的唇。

柴扉掩於暮落，山裡人離思方深，這是真切的。落日、春草、王孫，只是簡單的場景。看來人不如山，人不如草，柴扉裡的女人十分焦急。春來染綠，是雲天的風景，看來不是歸與不歸的問題。掩不住柴門，阿娥仔姨清楚；掩不住心門，她的良人不知。

學生生不息的使命

給阿嬤的五封信

阿嬤，有一天我若沒法度跟您揮手時，
您一定要目屎擦擦就好。

建中獎學金審查委員會在紅樓二樓會議室召開，一個很尋常的會，中午開得如火如荼。

「我特別要提出一個個案，劉耀宗，他高一是我班學生，家庭遭遇重大變故，去年我們『林女士紀念獎學金』提供一個名額一萬元，輔導室、學務處能提供的急難救助，學校都爭取給他了。感謝大家，讓他度過難關。現在他的阿嬤腿傷不能賺錢，面臨輟學的危機，他成績雖然只有中等，但我希望今年仍能給他最高額獎學金的機會。」圖書館主任熱烈地發言。

我是劉耀宗高二的國文老師。這項林女士紀念獎學金，以清寒為對象，每年有十個名額，每名一萬元。正好是我的老學生提供，我代表審查資格。「其他十個照審，今年追加十萬，特別給他。」我作主。

十幾年過去了，記得當年他拿到這一大筆獎助學金時，緊抿的嘴唇，看得出他壓抑下的焦灼。那一閃而過的畫面，久久難忘，一直在我的記憶裡抽搐。像紅樓任何一個角落都找得到的斑剝，劉耀宗的印記，烙在「今日我以建中為榮，明日建中以我為榮」十六個大字的樓梯轉角間，那一幕，我握著他的手。

■

阿嬤逢人就說，考上建中是劉家最大的光彩，沒沒無聞的荒村野巷，那一年國中校門口貼了紅榜，一個建中、一個北一女。村子裡從年輕一直守寡的阿嬤喜出望外，告訴阿孫仔，你要光宗耀祖，阿嬤認真掘筍仔，給你出國讀博士。

阿嬤是苦命的人，耀宗阿公在礦坑做班長，三、四十年前礦坑爆炸，他阿公落坑去救人，喪了命，囝仔未出世，她就守寡了。怎麼說都說不盡的茹苦含辛，她把遺腹子一寸一寸拉拔長大，娶某生子。可是啊，上天的磨難，真是曷其有極！阿嬤才慶幸劉家有後，兒子媳婦卻在耀宗高中聯招放榜前，一場車禍意外中雙雙亡故。阿嬤挺著腰說：「免煩惱，耀宗、耀家，阿嬤不會讓你們兩個孫仔餓肚子。」

大孫上了建中，五月到九月以外，沒筍仔可掘的日子，阿嬤幫白雞山邊的土雞城洗碗，耀宗他有空就去速食店打工。祖孫三人，刻苦克難，忙碌中有幸福。當春筍如潮，阿嬤每天天未破曉就上山掘筍仔了。

「耀宗啊，筍仔粥在電鍋，肉鬆在冰箱，蛋煎好了……」

「天還未光啦！讓我睡啦，阿嬤啊。每天都這樣，真吵呢……」

「天若光，筍嬰仔出土，筍仔就苦了……。」阿嬤仍喃喃自語著。

每天都是這樣開始的，阿嬤就是阿嬤，想要做個慈祥的阿嬤，就是永遠要那幾句話翻來又覆去。

■

不幸的事來了。有一天露水重，阿嬤掘筍仔時，不慎滑落坎腳，髖關節受損，看了幾回診，病情沒有減輕，郵政醫院的醫師建議置換人工髖關節。拖了一段時間，耀宗準備休學，獎助學金十萬元讓他改變主意。

「老師幫我轉告學長，將來有能力，我一定回饋社會。」他抿著嘴。

上了大學，耀宗功課優異，每學期拿書卷獎，他定期定額捐錢。後來，幫他度過難關的老學長，讓他到公司打工。阿嬤換了髖關節，又能上山掘筍仔了。

「掘多少，算多少。」假日，弟弟耀家陪著阿嬤上山，日子又好起來了。

大三上，教師節前夕，秋陽如虎，他回建中看老師們。

「謝謝老師，一路照顧我，我已經大三了。嗯，可是我得了白血病。」

「怎會這樣，什麼時候發現的？」

「半年多前，主治醫師建議我做骨髓移植，弟弟血液跟我兜不起來。慈濟大林醫院，幫我基因配對成功，一口氣找到三個骨髓捐贈者。」
「哦，那還好，那還好，成功率呢？」
「可以很高，也可以很低。直系血親比較穩定，排斥少。醫生說風險高，但是沒試就沒機會，一旦變成急性，就完全沒希望了。我得的是慢性骨髓白血病，骨髓再生不良型……」
「什麼時候做？」
「明年春天。」

（一）第一週

臺大骨髓移植病房在D棟3樓，耀宗進行化療與骨髓移植，限制隔離，病床在窗邊，連續高劑量化療七天，只是吃藥，好細胞壞細胞一起殺；接著像輸血一般，連續兩天進行幹細胞移植；最後等待紅血球、白血球、血小板慢慢再生。

白血球很快再生到八千，十分順利。阿嬤、耀家都很高興。

給阿嬤的第一封信

阿嬤，我的臺語無輪轉（說不好），很多字拼不出來，耀家會唸給您聽——晚春到了，阿嬤咱三峽的筍仔，又要天天掘了。我知道您透早就起床，然後賣給市場的青菜義仔，就趕來醫院。望著隔離玻璃窗，面黑黑的阿嬤，好想讓您摸摸我的額頭。聽一聽您最常說的：「阿……有發燒麼？哪無就好……」

阿嬤，我細漢時，您曾經甲我講，三峽叫做三角湧。咱五寮筍和碧羅春綠茶是三峽的寶貝，筍仔是咱家的特產，阿嬤說這是梨仔筍，比梨子甜。小時候沒吃過梨子，您說這就是咱三峽的梨仔，只要閉著眼睛邊吃邊想，綠竹筍就親像梨子。咬落去會噴汁，阿嬤您真膨風呢！現在味覺遲鈍，真想咬一口阿嬤的「梨仔」。

（二）第四週

上午護士通知家屬，患者感染。下午血壓急速下降，進行插管，緊急送入呼吸加護病房。阿嬤晚上十點問值班護士，得到的算是好消息：「管子拔掉了，眼睛睜開，好一點了。」

給阿媽的第二封信

阿嬤，我可能出不了這個移植病房了。未來看不見了，阿嬤現在您的慈愛，是我未來唯一能帶走的形影。

與其說您是嫁給阿公，不如說是嫁給鳶山一片的桐花。

您說桐花親像白鷺鷥，白茫茫聖潔一片，伊哦白得真熱情、伊哦白得真鬧熱，一庄一庄開，一庄一庄白，然後笑咳咳飛落來，染得大地銀熾熾地。不像菅芒花，黑赭紅沒幾日，然後就是悲涼的嘴鬚四處搖，滄桑地起飛，咄咄地向天空亂書。

阿嬤可惜您沒有讀很多書，不然您一定是詩人呢！可是，阿嬤您一生卻比菅芒更像菅芒，亮眼很短，寂寞很長。您是我歡喜甘願做您一世人孫仔的好阿嬤。我細漢時，真愛聽您邊搖著耀家邊唱的兒歌〈白鷺鷥〉，特別是桐花盛開的季節：

白鷺鷥／車糞箕／車到溪仔墘／跌一倒／拾到一仙錢／一仙撿起來好過年／一

仙買餅送大姨

白鷺鷥／車糞箕／車到溪仔墘／跌一倒／拾到一仙錢／拾到一仙錢

阿嬤，您也這樣唱給我聽對不對？明天您可以哼幾句給我聽，好嗎？

（三）第五週

骨髓移植有了重大變化，耀宗出現強烈的反排斥症狀，皮膚相當於三級燙傷。轉入燙傷加護病房，沒想到再生的白血球宛如得了失憶症，完全沒有功能，連最簡單的病毒也殺不死。

給阿媽的第三封信

阿嬤，我身上有很多很小很小的細菌，以很利很利的刀剮著我，不過想到阿嬤辛苦的掘筍仔，就比較不痛了。

阿嬤，你記不記得，那一年輪到我們劉姓殺豬公大拜拜，您叫阿爸印帖仔，您說按呢才有請人客的誠意，阿爸照您的意思，並且在上面寫了一些詩句：

鳶山下古早的子民／已經彩繪出三角湧的絕代風華

樟腦碧羅春／礦業染坊／老街頭西斜的夕照／猶原是粉撲撲褪不去的紅暈鉛華

古道白桐花／紅磚拱廊／長福巖清水祖師廟／依然是堅持慢雕細琢的藝術精華

雲煙已裊裊／忠義薄天／歷史在散步／三峽在辦桌／清水祖師公聖誕／鬧熱滾滾

正月初八／各位鄉寅世交親戚朋友／請您一起來廟會

阿嬤，你看得很歡喜，當著大家的面說：「你們看，阮子這麼有才情。不知你們少年仔生的有這麼巧嗎？」您是我自信的阿嬤。

阿嬤，哪一天我再也不會醒來了，記得把阿爸的請帖詩，抄一份讓我帶走。

（四）第六週

才好轉沒幾天，沒想到，昨天又掛出病危通知，醫訊竟是家屬要有心理準備。我進入加護病房探視耀宗，嘴唇以白布包著，細菌正一寸一寸地吞噬他。

「老師，我會康復回家。」他以筆代答，歪歪扭扭的字，無骨無力。接著寫道：「今天比較好。」耀家也得到同樣的訊息，大家總算露出難得的笑容。

給阿媽的第四封信

阿嬤，去年您獲頒模範母親，您鼻頭紅紅地講：「我嫁給一個有情有義的尪婿，你阿公是救人才死的。伊真偉大，我真甘苦，但是，厝邊頭尾大家都很尊敬我這個查某人。我嘛也沒給他刻虧，給他生一個好子，生得好子比好額（有錢）恰要緊。呵呵呵……」天頂的阿公若知影，一定感覺很驕傲。可惜的是，阿公聽不到，更可悲的是，阿爸阿母也返去了。

阿嬤，您是桃園大地主的閨女，有名有望，卻甘願嫁給種筍仔的阿公。天公並無特別疼您，死一個尪，死一個子，擱死一個新婦（媳婦）。您目屎擦一擦，就又上山掘咱劉家掘不完的綠竹筍仔。

「閻王註定三更死，絕不留人過五更。」

您敬天，接受天的安排，無怨天也無怨地，您是我勇敢的阿嬤。

萬一，您若知道耀宗好不了了，不能光宗耀祖了，不能讀您的博士了。請您要再勇敢一次。

（五）第七週

主治醫師召集家屬，面色凝重地站在燙傷病房外。

「劉先生的病情不樂觀，治癒的機會十分渺茫。」

「我孫子沒有放棄，你不可以放棄。不行，不可以！」阿嬤瞪大眼睛說。

「好，最後只能用特效藥試試，英國剛研發成功的抗排斥藥。藥費昂貴，這是唯一的希望，我沒有把握……」

「不用考慮費用，考慮救人。」阿嬤堅定地說。

「我必須跟家屬說明，病毒和反排斥的治療不相容。最壞的情況是病毒沒治好，反而讓反排斥更惡化，那就轉機變成更大的危機了，這是搏命！」

給阿嬤的第五封信

阿嬤，我這次入來換骨髓，您天天在透明窗外望我，親像我細漢時，叫我返厝吃飯的模樣，好清楚的慈顏。今嘛您叫我要勇敢，叫我要親像查甫人，叫我要做男子漢。我目屎一直忍住，不敢掉下來。

「阿嬤要靠你！耀宗仔，你要給阿媽靠喔……」

阿嬤，我真對不住您，我的病情愈來愈歹，自從移植第二天，我就知道不對了。可是，我要有孝阿嬤您啊！阿公沒做到的，阿爸阿母做無夠耶，您的憨孫攏要擔起來啊！

阿嬤，您說在生吃一粒豆，恰贏死後拜一粒豬頭。可是我連一粒豆都沒養過您呢。也許，上天注定要讓您更堅強更偉大，阿嬤，您還有耀家要撫養啊。

阿嬤，有一天我若沒法度跟您揮手時，您一定也要目屎擦擦就好，明天日頭猶原會從東邊升上來。

我手骨無力，字真潦草，請阿嬤原諒。耀家唸給您聽時，心肝若甘苦，您目屎擦擦就好。我若出山，阿爸那首殺豬公的詩，請耀家唸給我聽，阿爸也聽得到。

阿嬤，再會吧！我會保庇咱的梨仔筍掘不完。您一定要聽我的苦勸，目屎擦擦就好，阿嬤，阿嬤再見。

■

五天之後，醫生宣告失敗，耀宗已昏迷多日，一直往壞的方向走。阿嬤不忍，同意放棄搶救，最後一支強心針打了。

「阿兄，這一支強心針，最好的情況可以維持三十個小時。你已經盡力了，大家都已經盡力了，我要讓阿兄明明白白地走！」耀家在他耳邊低語。

心跳、血壓記錄器，標明的數字已經掉到危險指數，呼吸吐氣過濾器和原本掛著一、二十支的靜脈點滴控制器，撤的撤、空的空。

梵唱三疊，佛聲不斷，病床四周都是飲泣聲。阿嬤大哭一陣，然後目屎擦擦，腳手敏捷，就有條不紊地指揮善後。

「耀宗，你已經做神了。來，聽阿嬤的話，目睭闔起來，所有的病痛都沒有了。」

阿嬤以她掘筍仔的手掌，順著他額頭往下，輕輕一抹。

「請法師先唸腳尾經，這項代誌先做……」阿嬤不疾不徐地打著手機。

阿嬤緊緊握著耀家的手走出病房，她特別挺起她的身子，時間三更許。

（本文發表於《聯合報》副刊．二〇一五年二月十二日）

✣一叟小語

巍巍紅樓，耀眼而熒亮。她不只是絢爛與壯美，還多了滄桑與慈明。不能光看她建築的雄偉，你還得要進去遊心，才看得出她的「百官之富，宗廟之美」。強哉矯的強光背後，她還閃著一道道溫馨的星子。

建中助了耀宗一臂之力，只能算是教育領域一種柔性的溫暖。不論城市與鄉村，每一所學校、每一位教育從業人員，都默默地並且經常地拉學生一把，這是杏壇的共同志業。

大部分的人，在自己的人生之路上都十分努力，有的人成功了，真的是應了「一分耕耘，一分收穫」這個真理。可是大部分的人，在成功之前，往往有更多的波折，有更大的困頓，最後鎩羽而歸的恐怕更多。

生命亦復如是，很多人都想好好的編織亮麗的生命，但是能夠圓滿、完美、幸福的並不是多數，耀宗就是。話說回來，生命的價值與美麗，就是不怕磨難，接受淬鍊，阿嬤就是。人生的可貴與可敬，除了追求生命的美好與亮麗之外，贏得自己才最重要，事實上這也是最容易最簡單的差事。一分努力，不見得有一分的成功，不用喪志；不放棄就不算失敗，一個不被失敗打敗的人，就是成功的人。

「目屎擦擦就好」是阿嬤的形象，也是阿嬤的堅韌，更是她最強大的母性。

教官的身影

沒說完，單車馳去。

留下錯愕的我們，和教官長長的身影。

莊敬樓的司令臺上，生輔組長苦口婆心地呼喚三樓、四樓的同學趕快下樓，沙漠變綠洲的建中操場，教官們穿梭在各個責任區，笑容可掬地引導學生就定位，請班長站在標示好的位置，四面八方的學生部隊向升旗臺運動聚攏。百年來老駝客走過的路，尚青的駝客彳彳亍亍，綠意擋不住，那屬於漠駝的沙還是揚了起來。

失去飛沙走石的瀚海，還是迷人的「赫赫黌宇，髦士三千」。老夫在這裡升了三十幾年的旗，這個學期的升旗效率最輕快，節奏最明朗。跟班的實習老師站在我的前頭，平頭、挺直、肅容，升旗敬禮時右手舉臂端正雄直，左手五指伸直併攏，中指貼於褲縫；國歌唱得一心一德，高亢昂揚，班上同學也跟著開口大聲唱了。他的父親是軍人，也是教官。

「我爸說以前當教官，那可威風八面呢，現在不行了……」實習老師說。

我學生時代的教官，形影一個個浮上來了。黑卒仔、太空猴……真的英挺驃悍，我們又懼又怕。建中校長在臺上說小故事，學生坐在綠綠草地上，故事在渲染，很多人在發想，我的思緒回到當年誓師吃拜拜前的那一場降旗典禮……

■

三月初三帝爺生，是羅東一年一度的大拜拜。降旗典禮，是教官和關公的戰爭，校長不語。教官不畏俗情，捍衛校規，馬革裹屍氣豪壯。武聖義薄雲天，一把關刀，雨露均霑護黎民。吃拜拜是人情義理，不是殺人放火，去去去！

四十年前的一場降旗典禮風聲鶴唳，夕暉在驚悚。司令臺軍令如山，臺下淺淺的噓聲一浪一浪起。偌大的操場，雲重草深，訓斥穿天，詭譎逼人。第一攤到莊舟家，第二攤到老鼠家，第三攤……七人一組。二組、三組……反情蒐，組織嚴密。臺上口沫橫飛：「誰不怕，誰倒楣！」臺下耳語不絕：「誰怕誰，倒楣誰？」

「穿制服吃拜拜，記小過一次……如果揹書包去，加一支小過……做人要有羞恥心，羞恥怎麼寫？教官都會出動，不要心存僥倖！吃拜拜是破壞校譽，你們給我三思三思。」

春雨微微斜吹，軍威晃晃生光。於是，夜幕撤下。天人之戰，啟程。

那年我高三。

■

家家戶戶都準備流水席，就怕沒人來吃拜拜。晚春的向暮，夕陽暈紅，校門外森嚴了起來。五位教官各自牽著孔明車，走在各路隊前面。放學，像走出集中營，是軟硬兼施下的自由。

辦桌的人情味，笑聲、殷勤聲、招聚了人氣。香氣四溢，糟餅、糕渣、西魯肉……衝散了隊伍。整個市集、整條街、整個老鎮的人民，都是話香、笑香、肉香。

一溜煙間，我與同窗們闖進了熱騰騰的屋裡。教官盯住了，單車靠路邊放妥，他守株待兔。軍帽威武著晚霞，軍服背對著我們的視線，燙得筆挺的三條線，孔明車像準備輾動的坦克。

■

莊舟說：「爸仔，教官看到了咧，是太空猴啦！」
同窗甲：「完蛋了，鐵齒仔已經兩大兩小，慘囉！」
莊爸說：「沒代誌！學校我熟，明早我去講講耶就好……」
鐵齒仔：「驚啥！還有頭城、宜農、蘇水可以讀。」

莊媽說：「關聖帝君，您要有靈性喔！別被抓……」

莊爸說：「我看按呢好嗎？我請伊入來，逗陣吃啦……」

同學都舉出手掌，意思是千萬不可。

莊媽說：「你是要給他們嚇死喔，講嘿有空沒榫（沒有實質意義）耶……」

教官透著窗子，銳眼迥迥有神地對吃拜拜的我們掃射。雙唇緊緊抿著，雙手交叉於胸前，兩腳與肩同寬，酷嚴，像一座好威的銅像。

一二三四五六七……七隻。七條憨漢。心想明天升旗，七囚上臺，暗自傻笑。

■

紅露酒，紅了我們的臉，紅了我們的眼，紅了我們的膽。書包也泛紅。一股分不清的意氣和莫名的義氣，在觥籌交錯中升高。八點半，有人提議要回家了。

「要怎麼出去？穩死耶！」

教官還直挺挺的站在原處，眼珠子動也不動，眼前湯氣若硝煙。莊媽媽神來一筆，窗簾拉下，燈關了，叫大家統統別動。敵明我暗，月光和路燈將教官刻畫得完整無缺。孔明車慌亂，嘎─嘎─嘎……。猴仔竟然走了。

十秒鐘不到，太空猴不見了，大家撲滋撲滋地笑歪了。莊媽媽這個充滿智慧的女人，令大家折服。未幾，高大的黑卒教官匆匆來，同一個位子戒備森嚴。中校主任教官太空猴不見了，大伙兒笑他沒種，只會欺負黑卒仔少校。莊媽心生一計：「來，你們從後門出去，就萬無一失了。」好計妙計，算無遺策的莊媽媽，教我們佩服得五體投地。

「為什麼人家的媽媽都這麼聰明。讚啦！」鐵齒仔比著大拇指，又乾了一杯。

黑卒仔還在，酩酊大醉的酒客來來往往，路都長得彎彎曲曲。春月當空，夜色茫茫，我們挺進在漆黑的弄巷暗徑上。莊舟的老母真行，心竊喜，大家為她的金蟬脫殼叫好。

四、五十年前，臺灣各地廟宇都有酬神殺豬公的大拜拜。有大拜拜就有吃拜拜，鄉下人熱情誠懇，不怕人來吃。認為沒有人登門吃流水席，來年六畜不旺、事業不順。食客、酒客一手牽著小孩，一手提著郭元益、乖乖桶。做客的來給謝神的親友助陣，大家其樂融融很開心。謝神的主人家喜迎賓朋駕臨，人愈多、位愈擠、心愈爽。想酒池肉林，思佳肴美味，總是食不厭精，期待讚賞。尤其幾年一次的做醮謝平安，即便告貸也要請人客。這種鬧熱，關公支持，今晚帝爺廟火火火，香火鼎盛。

從高一起，蘇澳南方澳、宜蘭礁溪羅東、壯圍頭城……哪裡大拜拜哪裡就有人請，沒吃過大拜拜枉讀高中！國中生太小，大學生離鄉，吃拜拜，對高中生來說，算是一種責任。

宴客人家沒認為犯法，受邀同學說什麼也要去捧場。學校認為的有礙觀瞻、有辱校風，不是鄉井人情的痛，關公也不同意，庄腳人沒這麼看天下。

黑黑暗暗，蜘蛛網纏首，偃鼠亂竄，曲折中轉出巷頭。

熟悉的孔明車影斜長一邊，帶勁的紅露酒逸興澎湃。

「跑不掉了！他×的，猴教官果然厲害！」

「慘了！這下慘了！鐵齒仔……踢到鐵板了！」

「道高一尺，魔高一丈！好一個太空猴……」

「走前門，強渡關山，黑卒未必抓得到……」

除了喝吐的斑鳩還在莊舟家，逃過一劫之外，其他全都活逮。

沒人喊太空猴仔，沒人講髒話。這一趟很失敗，大伙心全涼了。書包垂了下來，衣服都沒扎好，非常狼狽。天上月影緩移，肚裡暗香浮動，十分酒鬼。每個人手上還提著豬公肉，搖搖晃晃醉羅東。像魯智深在寺中難守佛門清規，大鬧五臺山。人贓俱獲，不管記功嘉獎、記過警告，都是阿猴仔說了算。怎辦？領了幾個招牌頭，徐主教今晚說話換了口吻。也像極了教魯智深投東京大相國寺的智真長老。

前兩句偈言高亢震撼，我們頭低了下來。

「夜路走多了，總是會碰到鬼的。」
「鐵齒仔不要鐵齒，我說到抓到。」
後兩句偈言慈藹溫煦，我們的頭更低了。
「穿著學校制服，揹著書包吃拜拜，真的難看。」
「念在關老爺祂的份上，今晚我什麼都沒見到。」
臨走前喊了一句：「鐵齒仔……」
沒說完，單車馳去。留下錯愕的我們，和教官長長的身影。
智真長老的四句偈言：「遇林而起，遇山而富。遇水而興，遇江而止。」
令人懷念的太空猴，丟給鐵齒仔的隱語大概是：「遇巷則止」吧。

■

紅樓斑剝，青青綠草，坐在草皮上的駝客，果然靜靜地聽著校長的小故事，聰明的學生也不吝嗇笑聲，笑聲自然而然，一陣一陣，故事愈說愈起勁。拍手，起立，綠洲醒了。

實習老師的身影有著剛毅的步伐，與不該有的成熟與嚴峻，難掩他軍人老父給他的本色。也許，他老爸也是另一個山頭，好樣的太空猴仔。

✣一叟小語

每年三月初三帝爺生，臺北市隨俗也遶起境來。陣頭掀天蓋地，舞獅耍龍、七爺八爺，一樣也沒少，氛圍卻不太搭調。幹了一路的壞學生，當了半輩子苦口婆心的教書匠。喊了三年的「太空猴」、「黑卒仔」，竟是生命裡暖呼呼的名字，它是綽號，不也是愛的符號？講校規、講軍法、講軍令如山的主任教官，以教育的溫婉，給我們心頭打上了銘記深深的烙印。

在多數人成長的記憶簿裡，都有很多共同的回憶，源於共同的記憶，就會有共同的懷念。在高中、大學的學習空間都有教官的影子，尤其是高中時代的教官，它不是課業上的主力學科，軍訓考試也是很快就可以答完的科目，可是在人生學習的階段，教官們是大家記憶中難以磨滅的族群，愈往人生的後頭，他們的影子愈清晰，他們的價值愈難忘。他們是執法的一群人，卻也是最教育的園丁。

歷史最大的價值是經驗教訓，上一代拚命告訴下一代，應該如何如何？歷史最大的悲哀是沒人信你，下一代終於吃盡了苦頭。等到下一代終於變成了上一代，比上一代還要上一代，比上一代還更如何如何。

人生啊！真是啼也不是，笑也不是。謹向那位放我們一馬的太空猴致敬。至於還有浩瀚天空，還有漫長人生的實習老師，在你遨遊於文學的國度、在你四書五經、在你諸子百家時，那標準的立正姿勢，那雄赳赳的眼神，事實上在為人師表這條路上，你多了一層堅持的力道，也多了一道雄渾的本色。

溫暖的手勢

校長不好做；老師不好幹；
學生不好混；父母真難為。

怕七點半趕不及到班上，時間有點急。我的歐多拜（機車）鑽入曲巷，再西出麗水街。紅燈硬是將我攔下來，送我一片綠意。金華國小校園圍牆邊，志工家長已經收崗。校長彎了九十度的腰，在茄冬樹仔腳。傾聽小一生的重度迷惘，校長握著她的手。那是甘心處下的自在，是指引迷津的手勢。

我左手邊一部媽媽開的轎車，沒照規定靠邊停，車門驟啟，走出兩位也同是低年級的小一生，一男一女。校長一個大步向前，走到馬路上。將後門帶上，迎著學生跨上人行道，有說有笑。老夫和那女人照面，不約而同，比出大拇哥的手勢。

我的呵呵笑容是按一度讚，她的靦腆羞容是謝謝校長。

校長兒子剛從建中畢業，老夫沒看清才子揮別紅樓的手勢。聽說他是先幹幾任校長，再回鍋完成當級任老師的夢想，換個腦袋，才能真正的將心比心。這在全臺灣恐怕是少之又少的例子，很特別。剛剛彎下腰那九十度，比蹲下來傾聽還迷人。教育家在民間，在巷弄間，在不起眼的地方。

■

聽說校長開始遴選以來，全臺三千個中小學校長已走了一千兩百位。聽說新北市前年度中小學校長，提退的高達四十七位。聽說臺南市升格以來，三年退了三成的中小學校長。聽說臺中市前年也有二十幾位校長打算捲舖蓋走人。不如歸去，十幾年來全臺最大的校長退休潮，正在風起雲湧中……，沒有人事權，沒有會計權，上下關係緊張，校園很難經營。

■

我豎起大拇哥，除了激情地獻給茄冬樹下的教育家外。二十幾年前，也曾在泉州街的劉耳鼻喉科診所熱血過。當年我家大狗子去看病，那位頭上帶著探照燈的醫生叔叔，伸出漂亮有情的手勢，緊握著他的小手說——

「小帥哥，請上座。」

「……」

「你哪裡不舒服？」

「……」

看完病，拿好藥，送到門口。取下探照燈，套在他頭頂上，最後遞上幾張貼紙。

「祝你早日康復。掰掰……」

「那位探照燈的手好溫暖喔！」大狗子說。

「真的喔。」

「幼稚園老師說：有暖暖的手的人，都是好人。」

轉過身看，探照燈醫生依然還挺立在門口。

我給他一個感謝的手勢，以及感動的微笑。

■

臺中明道老校長一手給你聘書，一手給你敬師鞭，是責任的手勢。

新北市徐匯單校長開車到府，一手聘書一手蛋捲，是敬重的手勢。

建中黃校長主持週會，十分鐘講評，精彩的妙語，是瀟灑的手勢。

建中李校長化沙漠操場為綠洲，跟你拍肩膀說話，是誠懇的手勢。

建中劉校長調和鼎鼐，左右逢源，有腦筋有愛心，是智慧的手勢。

建中李校長溫馨親切，平易近人，以真情貼近你，是謙沖的手勢。

建中吳校長嫻熟校務，滴水不漏，默默有為有守，是憨直的手勢。

建中蔡校長穩重老練，不疾不徐，講計畫求人和，是圓通的手勢。

■

校長不好做；老師不好幹；學生不好混；父母真難為。

像做生意一樣——再簡單的事，都有人做不好。再艱難的事，都有人一級棒。

像做生意一樣——景氣好，左手進，右手出，閉著眼睛智愚都行。景氣差，有人嫌，沒人買，有人獨門生意大小通吃。

■

很多申退的校長，有無限的辛酸，大家感同身受。麗水街的教化風景，綠意未消，十分自然、感人。如果是這樣，是不是有簡單的力量繼續向前走呢？培養一位領袖群倫的校長很不容易，讓茄冬說話。

撤崗後最後的身影——就是最初的信賴。

不是說要走在最陡峭的崖壁，為教育出生入死？
不是說教育是百年樹人，只問奉獻，樂在其中？
不是說成就是部屬的，挫敗校長願意一肩挑嗎？
不是說教育愛是永恆的，甘作一隻勤奮的水牛？
不是說教育的願景是有情有義，不是有名有利？

茄冬樹下貼心彎腰的溫煦——就是一枝粉筆。
從尋常創造偉大。
從角落創造神奇。
從溫馨創造光輝。
從堅定創造不朽。

轎車後一個真心的提攜——就是一道暖流。
這個多難的社會，需要平和。
這個多疑的社會，需要誠信。
這個多責的社會，需要奉獻。

這個多濁的社會，需要清白。

天下沒有白撿的春風化雨——清音足以傳遠。
退縮，沒資格說你已經打完了美好的仗。
感慨，沒資格說你沒有施展抱負的機會。
怨懟，沒資格說你得不到大環境的認同。
逃避，沒資格說你捉襟見肘的空虛乏力。

弱水三千，取幾瓢飲，隨你方便。
明月清風，取之不竭，任我陶然。

■

老骨董《尚書》記了一段堯給舜，舜給禹的十六字心法。
「人心惟危，道心惟微。」哪個時代是太平盛世？堯舜也跺腳呀！
「惟精惟一，允執厥中。」哪個領袖不憂心悄悄？想辦法找藥方。

沒有理由叫別人一味體諒寬恕——想吶喊便是懦弱。
因為校長是迎著風，走在最前面的將軍。
沒有理由叫別人不要求全責備——說委屈便是墮落。
因為校長是基層中小學最後一塊典型。
沒有理由叫別人不要批判斥責——說不服便是懈怠。
因為校長是頂天立地最挺的一棵大樹。

■

老師的舞臺在講桌。
校長的舞臺在校園。

每個人都有他的位置。
位置是用來燃燒的，不是拿來照自己的輝煌。
位置是用來精彩的，不是拿來玩自己的權威。

位置是用來昇華的，不是拿來求自己的光芒。

教育是流汗的事業。
如果教育是舒服的，那會前人種樹，後人遭殃。
如果教育是榮光的，那會好名做假，虛以委蛇。
如果教育是貪婪的，那會錙銖必較，爾虞我詐。
如果教育是誇耀的，那會粉飾太平，隨波逐流。

麥子是從麥田種出來的，想種什麼莊稼自己決定。

■

建中有位校長，含藏內斂，謙沖為懷，沉潛養志。
他不抱怨，他不懂抱怨，他不會抱怨，他不肯抱怨。
他自得其樂地揮灑他的信念——一般的微笑，隨時的交流，三兩三豪邁，十足的情義。最後遍地開花，掌聲如雷。一張簡陋的生日卡片，寫盡對你的通透了解，表述對你的真情款款。他有的是自然的手勢。

天下沒有幾件讓人開心的事；苦中作樂，是最廉價的開心果。做別人會做的，哪還需要我們？吃別人不能吃的苦，責無旁貸！

■

看別人的好，處處都有涓涓清流。看社會的好，滄浪之水自然清澈。秋意已飆涼，西風正鏗韻。茄冬樹下，有人點染教化。一個彎腰傾聽，一個溫馨牽引，就是教育家的手勢。

麗水街的人行道上，樹影猶暖。那剛剛還嚎啕大哭的小一寶寶。擦完淚後——最後的眼神穿透金陽，直入校園。

「伸出暖暖的手的人，都是好人。」一定是我家大狗子憧憬美好人生的第一個答案。深深烙印，久久不去，他一次就學會。

✣一叟小語

「不在其位，不謀其政」，不是冷漠，是各司其責。
「在其位，謀其政」，是責無旁貸，要殫精竭慮。
「不在其位，謀其政」，是僭越，是牝雞司晨。
「在其位，不謀其政」，是懈怠，是尸位素餐。

當社會的苛責多了，是不是我們失去了溫馨的能力？
當人間的誠意少了，會不會我們增加了自欺的習染？
當價值的標籤褪了，要不要我們來重燃教育的熱情？
當真情的笑容僵了，肯不肯我們來打開人性的光輝？

神遊於紅樓二樓校長室旁，斑剝難遮，秋情正盛。少了秋蟬，多了葉落，輕扣門扉，足音彷彿可辨。在教育政策大變動的時代，百年老校在承先啟後的關鍵時刻，動見觀瞻，肩負艱鉅的形象與使命，十分難為也十分可為。清俊的領袖，好好堅持熱情的火，讓我們等到佝僂著背，再一同攜手東歸。我老邁一點，走在前頭；你清瘦一些，許您隱後。真的走不動了，老夫揹您一程，回家的路很容易。

老夫學易不問卜，但是我敢打賭——
清標高風的手勢，緩緩伸出。
將會是您老樓斜照下的偉影。

元學第一村——跟毓老師說說話

六十四年來，立地生根，

奉元書院矗立著一座長遠聖白的元學之山。

毓老師走了，素師鐸化，龍德而隱，您是該俎豆馨香千年萬年。

您靜靜走了以後，我開始認真深思，您說要留就要留萬世名的豪情，原以為那是老學究先生的糖衣，書總是要這麼教的。見證了您三、四十年的私塾生涯，杏香不去，不朽這兩字您寫得這麼淵深敦厚。史筆有多少眼力，往往也決定那個時代在歷史縱軸的重量。陶淵明的偉大不是等來的，可是唐宋始見重於世。我不問：這是個什麼樣的時代？但我深信青史的墨條研磨得正熱，待如椽大筆一揮就是蓋世風華，您的身軀從容地躺了下來，英靈卻矗立如山。您雖然高品無求，高山仰止的稱譽，任誰都擋不住。

曾經您以一身是膽，備具胸懷天下的志業，當年沒問過您，真不知道您曾立過什麼樣的偉願呢？過了一條江，正自有山河之異，人生的風景，真的如您所說，時過境就遷了。春風不回，鼎革多變，換個念頭，您扛起文化的山，造弦歌之鄉，一條道真的結結實實跑到黑。您經常教誨我們，一生認真做一件事，就是一番事業。您以原味的元文化陶養了臺灣這塊樸質的淨土，您以鮮活的一甲子霑溉了福爾摩沙這蕞爾的小島。

從三月廿日接到您辭世的噩耗起，心路忐忑，失神不靈，感慨何止萬千？忌日滿月，我終於有能力悲傷了。午夜夢迴，慟情難寐，我靜靜仰視懸在廳堂——那一幅「體元居正，精一執中」的對聯，那分別是我家二犬的字與名，鬱結一月的心，動了。我決定打開心口，同老師說說話。

三十多年前，躺在龍床上聽您徹夜教誨，我就有很多話要跟老師說。那時候，我還是個宜蘭鄉下負笈北上的土包子，心裡沒準備好，我一直沒敢說；後來，有多少次在地下室——「天德黌舍」——書院的牌匾前，一對一，面對面，聆聽您的懇切叮嚀，覺得戰戰兢兢恭聽都來不及了，能說些什麼呢？所以什麼也沒說。現在毓師往矣，自己也早已過了半百老翁，不用猶豫了，膽子也大了，那就慢慢說，一點一滴地說。說給毓老師聽。

一朵花的事業

毓老師晚年曾以偶題的遺墨——「傲世梅無仰面花」給大伙兒清賞清賞。後來又見到另一幅字，原來上聯還有一句——「虛心竹有垂頭葉」。原來「節」與「謙」，老師看得這麼重。未濟卦上九小象：「飲酒濡首，亦不知節也」，是男之窮也（雜卦語）。大易最後一卦最後一爻，以節為戒，大矣哉！虛竹不但尚節，尚且守謙，謙之一卦，謙謙君子，以讓為用，所以無往不吉，卑以自牧故也。堯德允恭克讓，堯舜以禪讓相承。太史公《史記》世家以吳太伯先，列傳以伯夷始，皆讓之微旨。老師一生所守在節德，貞固不易。亡國凡三，老師獨善其身，不易節，不貳臣；留日其間，倭女在側，潔身不瀆；渡海來臺，輕權位，無嗜欲，進退不苟；守身如玉六十餘載，不近色，不續娶，甘心孑然自持，無怨無悔。曾經是赫赫皇裔、王公貴冑的您，能自律若此，彌自尊貴，也令人肅然起敬。師母「兩地相思」，老師「一言難盡」，繾綣私情，節義感物，貞德動天。終其一生以「天德侍者」自期，以「仁勾遯叟」自號，以「安仁居士」自守，以「明不息翁」自誓。

毓老師識時不失位，乘勢知進退，以果行育德，卜居隱巷，藏道於民。在剎剎生新的自然環境中，您說要守經也要能通權，這才真的叫識時務，識時務者才稱得上是俊傑。「不易乎世，不成乎名，遯世无（無）悶，不見世而无（無）悶。樂則行之，憂則違之，確乎其不可拔，潛龍也。」是老師「君子時中」的真精神，知節、守節、行節，是您的大慧智，大德行。所以我們可以大聲地說：知進退存亡而不失其正者，毓師也。

印象中，毓老師雖然很少提到花國春秋，這一棵梅且不能等閒視之。至於唯一點名的「春眠不覺曉，處處聞啼鳥。夜來風雨聲，花落知多少？」聽上去有幾分調侃味兒，依我看，純粹是戲謔之言，請王維不用放在心上。

什麼樣的花都會美麗一回，花自然是開給蝶使穿引的，或許蝴蝶的朋友，可以沾點邊。不要急著問我蝴蝶的朋友長啥樣子，姓不姓莊？名不名周？毓老師更不會直接告訴咱們花的哲學。這麼說比較像老師說的，如果你是花，順著天生的性子像個花的模樣，就有美的質地。花，總是要漂亮一次的。做花的總要清楚，最少要美給自己看，感動得了自己，才說得上是能自我實現的花。否則，花開花謝，亦只是花開花謝，老師說人可以平凡，絕不可以庸俗，梅自是不俗不塵。老師跟梅花打交道，源於何時我不清楚，要不要跟林和靖處士清唱一段妻梅子鶴？梅邊之石真的宜古嗎？胸藏丘壑的毓老師，是人間的元士，興寄煙霞這等閒情，我看還是少問。

梅花凌霜傲雪，優雅綻發，它不是等人來陶醉，它香著也可能是等蜂媒來尋。橋邊、路旁、山麓、野坡，處處可以是梅花的家，冷到哪裡，梅花就幽香到哪裡。傲世梅一樹傲骨，一片生意，不改其凌雪之志，它不怕開無主，風和雨、冰和雪是它的絲竹天籟，它會唱歌給自己聽；毓老師一瓢孤單，一簞寂寞，不改其杏聲之樂，您念念存誠，孤寂是您德性盛開的力量，想必您也會給自己拍拍手。群芳爭春，您不矜不伐，站在自個兒的長白山巔，兀自暗香襲天，您應是一株雪硬的梅。您打算為自己的花取個什麼樣的名字，並不重要；您會給梅花、也給自己一生傲世的風骨，開一趟錚錚骨心的事業，這，並不難猜。舉手投足都是記號，您不說，大家清楚。

想做一朵花，毓老師敢情會教我們說——姿態可以不如人，梅香要始終如故，堅持千百年來不變的氣韻，要不折不扣醞釀大家百聞不膩的清香。不卑不亢，枝頭可以戴著冰雪，香給自己一世，做傳家至寶；不慳不吝，可以伴著明月清風，香給別人一生，開聖賢衢路。潔梅有節，它有個禁忌，就是不做醉心名利的仰面花。毓老師心裡頭的傲世梅如是說。

一座山的精神

仁者樂山，山不知其所始，亦不知其所終，億載無期；仁者安仁，垂奕葉而不朽，典型古今，浩氣上下，故曰仁者壽。安仁居士期頤百年，所安在史壽，不在人壽。這是山的精神，也是仁者的精神。

老師個兒大，您有那個力量帶著山流浪，即使是長白山那樣巍峨崇高的山嶽。民國三十六年，您領著長白又一村的骨氣，肩負著也可能是雙手合拱抱著您心裡頭那一座山，在雲月之下頂天立地，踏過的豈止八千里路？經過泰山的薈萃人文，涉過黃河大江的九轉浩瀚，結交過燕趙豪傑養豁達襟懷，也到過柳浪映月的孤山學處士潛隱。扛著一身浩然而來，飛機上您和于右老一起狂草。您以經天緯地的姿勢，在臺灣重新打造的長白山中落了腳，六十四年的案頭山水，您百看不厭。樂山的必須是仁者，您以鏗鏘的洪鐘，磬音成章，在臺灣敲響了原儒的文化之聲，臺灣頭到臺灣尾，鐸聲一鳴天下白，化育一體人間清，迴環反覆，終始不息。六十四年來，立地生根，奉元書院矗立著一座長遠聖白的元學之山。

心裡頭只明白您是一座仰之彌高的山，顏色簡單得很，像您沒事兒喜歡輕捋那一幅高風亮節的長白鬍。四十年來，我始終忘了問問老師，要怎麼做一座天德的山？要怎麼成就體元居正的大一統？要怎麼篤恭用中去天下平？要怎麼明德學大去止於至善？可以做一棵大樹，就不要只做一片葉子。您走了，倉皇之中，整整葉片，我們告訴自己，再怎麼不成材，都必須是一棵有志向的樹，奉元弟子遍植在您一手鋪墊的山上，老師您望見了嗎？雖然奉元山上，長長白白地種了成千上萬的綠苗，可是我們不能光靠天有好生之德，去附麗你的長白山。這樣子丟臉，是不？做一棵樹只是敷衍，要做就要做一棵大樹。這樣大聲嚷嚷，至少您願意輕輕頷首，勉予同意吧。

多少文人高唱後凋松有常青色，看來我們是讀了太多松柏後凋的壯歌，相信您信誓旦旦所說的還有五年，年年新正您都說再活個五年沒問題。今年大年初一，氣雖弱了些，您的精神依然矍鑠，您還是說，您們看我像個生病的人嗎？再五年沒問題。兩個月不到，在一個最寧靜的春曉，您卻選擇堅如松貞如柏的天性，安然於初春暗自零落。春情松柏，葉落慢慢悠悠，霑體塗足吾少也賤，這個村野經驗我懂。可是，一座山總是一座山嘛，怎麼忽焉徂謝了呢？既已歸西，可能告我？

二殯追思會後，淒情迷茫，人影散亂，怎麼發酵這一座山的精神，看似沒人對著其頹的山激情呼嘯，心裡頭卻澎湃洶湧無已，聽！奉元主人的長白山，有一派剛洪的回聲在醞釀。一座山自有一座山的山品，讓我們如松如柏，長長白白您的聖功，讓我們循著您的步履，以夏學奧質接著尋拯世真文的擔子，我們共同肩挑您養正開蒙的精神，斯庶幾天德於萬一。

一尊觀音的孺情

畫觀音的禮佛侍者不少，為母發心而畫的不多，為貞節守身而畫更難。多少個深夜，您提著佛心，霑著佛筆，一尊觀音就是一張孺慕之情，一幅觀音也是與子偕老的承諾。一幅十幅，觀音菩薩；百幅千幅，菩薩觀音。一落筆處，就是慈悲之海；一動念起，莫非無妄之心。

有一年，隨著老師到印月禪寺做孝親感恩法會。印月禪寺坐擁山巒疊翠，面迎碧湖千頃，水光山色交相輝映的水月道場，一定有助於老師廣行夢中佛事，而不忘「一切有為法，如夢幻泡影」的覺性返照。燕子湖畔印月禪寺的梵唄，聲催湖面，清清涼涼，月光未起，佛音印先，老師佇立湖旁，極目四望。波影粼粼，老師拖曳不盡的身影也任纈紋輕盪，那一年秋水的婆娑有多長，您的身影就有多長。

會後，幾位慈悲心善的老尼，從禪寺後院現採現摘的野蔌，清香綠菜，師生一桌，茹素滿心，老師難得笑開了，「吃吃吃」，催著大家吃，同學們個個以碗就口，不敢造次，一時吃得莊嚴得很，殊不知老師外冷內熱，跟老師走得近的都知情。在紙灰飛揚的裊裊生煙中，老師若有所思，滯神良久，不敢揣摩也不知其故。在二殯靈堂前誦經，幾個同學隨著法師燒紙錢，心緒若一，在熊熊的紅光中，才領略出您的孺慕之情。

在家居士，潛心禮佛，在臺灣十分尋常。來臺之後，老師從慈航法師叩經問道，儒釋交通，往來無礙。老師說：「慈航學道成佛，有艱難之境，有不易之修，守金錢戒的他，慈航曾經自云：『好幾次差點就犯了戒！』」成佛之人，明心見性，且如此率真守誠，佛心真趣，或從此來。心水澄清，即見光明，不離覺性，心瀾不興，月印千水，才能照徹亙劫的萬里長空。

老師，在滿州國守身不賣國，不作漢奸；以盛年來臺，守身不易情。放著名利不索，富貴不求，設釁舍，立教化，為往聖繼絕學，為萬世開太平。一生守著乾之初九：「潛龍，勿用」那一爻。

老師說人就是人，七情六慾都在我性，守身不貳長在我心。您常常長聲喟嘆地說：「守了一生，我這一輩子只有對不起我自己。」「感慨」，是老師自己給自己精神，自己為自己加油的內煉力量。老師守了一生，您豈止對得起自己，您讓黌舍諸生不敢對不起您，不敢對不住別人，也孜孜矻矻不敢對不起自己，這恐怕是最堅韌的一圍籬笆，也是最醒眼的一道靈光。那一爻燃燒的不只是您的靈魂，將是元文化生生不息的火把，也是元學燃燒不盡的華夏之光。

毓老師，臺北二殯懷親館，大家一字蜿蜒，瞻仰您的遺容，您很從容地躺著，看來無罣無礙，您真的準備好了。足不成步，頹然其間者，豈止是千千百百個奉元門生？這一群老老少少，清一色都是您親炙的各方彥士，願我佛慈悲，領您到西方樂土。連走，您都申申如也，夭夭如也，一如燕居閒情，這種圓圓滿滿，豈放下二字足以了得！

老師說：人生一下子就過去了，一切榮華富貴都只是過眼雲煙。

老師還說：你想要什麼樣的價值，就過什麼樣的生活。

老師又說：趙孟可以貴之，趙孟也可以賤之，人爵只是虛幻，天爵才是尊貴。

我率直地說：大自然是一部偉大的書，老師您是一部不朽的經典。

菩薩觀世界之音，無苦不救；毓老師大而化之，聖格可風。靜靜地望著老師親繪的觀音大士佛像——「真心清淨，不觀自在；慈航倒駕，常觀世音」，當是老師潛心作畫時靜定下的筆心吧！一尊佛像的背後是您堅毅、思念、孝親、禮敬的心，還有六十幾年來對臺灣絲毫未減的熱情與盼望。「以天下為一家，以中國為一人。」天德奉元，我們悟覺您以臺灣為化首，木鐸四海的大願。如今，再也聽不到您奕奕精神的鐸韻，老師親繪觀音佛像的虔敬，與教化治平的大業，是深藏我心的另一種孺慕之情。素筆的線條莊嚴有度，觀音像前將是我澄定思慮，也是永懷師訓的一方靜域。馨香上禱，悲不自勝。便成一聯云：

人無識時，老大傷悲咎自取；書不致用，寒窗苦讀為誰忙？

按：【天德黌舍】——戒嚴時期；【奉元書院】——解嚴以後。

本文發表於【奉元書院　毓老百日紀念文集】二〇一一年七月三日

✣一叟小語

流著愛新覺羅皇家後裔的血液，帶著華夏民族鐵錚錚的骨氣，因緣際會，隻身來臺灣深根中華文化六十幾年。他是五族一家的傳道者。

當他提到恩師康有為、羅振玉、王國維、陳寶琛等人時，矍鑠的目光籠罩書院全場，如在目前。他是傳承中華文化最厚最重的一根脊樑。

毓老師不只是用來懷念的，從海峽兩岸三地到有華人的地方，都是中華文化的流域，他是炎黃世冑的一座大山，他是綿遠不絕的一條大江。

永遠穿著長袍，從直挺挺的階梯走下，戴著瓜皮帽，黑膠老花眼鏡下兩道烏溜溜的眉毛，聲如洪鐘的四書五經起來。他開起了元學第一村。

從青少年聽到中老年，三十五年沉浸在中華國學的霑溉下，歲月在奉元書院的黌宮中淬鍊，生命在毓老師智慧的啟迪中凝煉。我們都在揣摩　先生琅琅清亮的講學聲。

國家圖書館出版品預行編目資料

學生②溫暖的手勢 / 林明進作.-- 初版. -- 台北市 : 麥田出版 :
家庭傳媒城邦分公司發行, 2015.03
面； 公分. -- (林明進作品集 ; 3)
ISBN 978-986-344-213-4(平裝)

1. 人生哲學 2.教育 3.通俗作品

191.9 104001431

林明進作品集 3

學生②溫暖的手勢

作　　者　林明進
責任編輯　林毓瑜　林秀梅

版　　權　吳玲緯　蔡傳宜
行　　銷　艾青荷　蘇莞婷　黃家瑜
業　　務　李再星　陳玫潾　陳美燕　杻幸君
副總編輯　林秀梅
編輯總監　劉麗真
總 經 理　陳逸瑛
發 行 人　涂玉雲

出　　版　麥田出版
104台北市民生東路二段141號5樓
電話：(886)2-2500-7696　傳真：(886)2-2500-1967
發　　行　英屬蓋曼群島商家庭傳媒股份有限公司城邦分公司
104台北市民生東路二段141號11樓
書虫客服服務專線：(886)2-2500-7718、2500-7719
24小時傳真服務：(886)2-2500-1990、2500-1991
服務時間：週一至週五09:30-12:00・13:30-17:00
郵撥帳號：19863813　戶名：書虫股份有限公司
讀者服務信箱E-mail：service@readingclub.com.tw
麥田部落格：http://blog.pixnet.net/rye¬eld
麥田出版Facebook：https://www.facebook.com/RyeField.Cite/

香港發行所　城邦（香港）出版集團有限公司
香港灣仔駱克道193號東超商業中心1樓
電話：(852) 2508-6231　傳真：(852) 2578-9337
E-mail：hkcite@biznetvigator.com

馬新發行所　城邦（馬新）出版集團【Cite(M) Sdn. Bhd. (458372U)】
41, Jalan Radin Anum, Bandar Baru Sri Petaling,
57000 Kuala Lumpur, Malaysia.
電話：(603)9057-8822
傳真：(603)9057-6622
E-mail：cite@cite.com.my

設　　計　許晉維　江宜蔚
內頁插圖　蕭敏
電腦排版　宸遠彩藝有限公司
印　　刷　沐春行銷創意有限公司

初版一刷　2015年3月1日
初版十七刷　2019年5月16日
定價／320元

ISBN：978-986-344-213-4

城邦讀書花園
www.cite.com.tw